Italienska Kökets Hemligheter
En Smakresa genom Italien

Luca Rossi

INNEHÅLL

Creme brulee 9

Muggar mascarpone och kaffe 12

Kastanj "berg" 14

Chokladpudding 18

Risgrynsgröt med chokladbitar 20

Kaffe Caramel Cream 22

Chokladkräm Karamell 25

Amaretti Caramel Cutard 28

Enkel sirap för granita 31

Citrongranita 32

Fryst vattenmelon 34

mandarin granita 36

Jordgubbsvin granita 38

Café Granita 40

Citrus och Campari granita 42

Vit persika och prosecco granita 44

Chokladsorbet 46

Prosecco citrongranita 48

Rosa Prosecco Granita 50

Glass" 52

Citronglass 54

ricotta glass 55

mascarpone glass 57

kanelglass 59

Espressoglass 61

Valnöt och kola glass 63

Honung och nougatglass 66

Amaretti Gelato 69

"Drunknad" is 71

Balsamvinägerglass 72

Frysta tryffel 73

Mandel gräddkoppar 76

orange skum 79

mandel semifreddo 81

Florentinsk Iced Dome Cake 84

Honungsmascarponesås 87

Färsk Färsk Sås 88

Varm röd fruktsås 89

Hallonsås året runt 91

varm choklad 93

kattens tunga 94

Semolinkex 97

Vin Santo Rings 100

Marsala kakor 102

sesamvinskakor 105

sesamkakor 107

anis kakor 110

bakad lök 113

Lök med balsamvinäger 115

Rödlök Confitering 117

Rostad rödbetor och löksallad 119

Pärllök med honung och apelsin 121

Ärtor med lök 123

Ärtor med prosciutto och salladslök 125

Söta ärtor med sallad och mynta 127

Påsk ärtsallad 129

rostad paprika 131

Rostad pepparsallad 133

Rostad paprika med lök och örter 134

Bakad paprika med tomater 136

Paprika med balsamvinäger 138

Marinerad paprika 140

Paprika med mandel 142

Tomat och lök paprika 144

Fulla burkar 146

Napolitansk fylld paprika 149

Fyllda paprika i Ada Boni-stil 152

Stekt paprika 154

Sauterad paprika med zucchini och mynta 156

Grillad peppar och aubergineterrin 158

sötsur potatis 161

Potatis med balsamvinäger 163

Orange tonfiskspett 165

Grillad tonfisk och paprika, Molise-stil 168

Grillad tonfisk med citron och oregano 171

Krispiga grillade tonfiskbiffar 173

Grillad tonfisk med rucolapesto 175

Tonfisk- och cannelliniböngryta 177

Siciliansk svärdfisk med lök 179

Venetiansk potatis 181

Stekt potatis" 183

Sauterad potatis och paprika 185

Persilja och vitlök potatismos 187

Nypotatis med örter och bacon 189

Potatis med tomat och lök 191

Rostad potatis med vitlök och rosmarin ... 193

Stekt potatis med svamp ... 195

Potatis och blomkål i basilicatastil ... 197

Potatis och kål i pannan ... 199

Potatis- och spenatpaj ... 201

Napolitanska potatiskroketter ... 204

Pappas napolitanska potatispaj ... 207

stekta tomater ... 210

ångade tomater ... 212

bakade tomater ... 213

Farro fyllda tomater ... 215

Romerska fyllda tomater ... 217

Rostade tomater med balsamvinäger ... 219

Carpaccio Av Zucchini ... 221

Creme brulee

bruciata kräm

Ger 4 portioner

På restaurang Il Matriciano i Rom tillagas crème brûlée i stora stekpannor. Vaniljsåsbottnen är tjock och fyllig med äggulor och grädde, och kolafyllningen är hård, lätt och krispig som kola. Detta är min tolkning av hans version.

2 koppar tung grädde

3 matskedar socker

4 stora äggulor

1 tsk rent vaniljextrakt

Tillägg

1 1/2 kopp socker

3 matskedar vatten

1. Sätt ett galler i mitten av ugnen. Värm ugnen till 300 ° F. Förbered en grund 4-kopps bakform och kylställ.

2. I en medelstor kastrull, kombinera grädde och socker. Koka upp på medelvärme, rör om för att lösa upp sockret.

3. Vispa äggulor och vanilj i en stor skål. Utan att sluta vispa, häll i den varma grädden. Häll blandningen i ugnsformen.

4. Lägg ugnsformen i en större ugnsform. Sätt in formen i ugnen. Häll försiktigt hett vatten i den större grytan tills det når ett djup av 1 tum upp på sidan av ugnsformen. Grädda i 45 till 50 minuter tills den stelnat men fortfarande är lite mjuk i mitten. Överför ugnsformen till gallret för att svalna i 30 minuter. Täck över och kyl.

5. Upp till 12 timmar före servering, kombinera socker och vatten i en liten, tung baserad kastrull. Koka på medelvärme, rör om då och då, tills sockret är helt upplöst, cirka 3 minuter. När blandningen börjar koka, sluta röra och koka tills sirapen börjar få färg runt kanterna. Snurra sedan pannan försiktigt över värmen tills sirapen har en jämn gyllenbrun färg, ca 2 minuter till.

6. Använd en pappershandduk och torka av ytan på den kalla gräddblandningen i ugnsformen. Häll försiktigt den varma sirapen över. Ställ tillbaka rätten i kylen i 10 minuter tills karamellen är fast.

7. För att servera, bryt upp karamellen med kanten på en sked. Häll upp grädden och kolan i serveringsfat.

Muggar mascarpone och kaffe

Kopp Mascarpone al Caffè

Ger 6 portioner

Även om mascarpone vanligtvis tillverkas i Lombardiet, används den ofta i venetianska desserter. Detta blandar kaffe och smaker av mascarpone och grädde, med hackad choklad för att ge den konsistens. Den liknar tiramisu, även den från Veneto, även om den inte innehåller kex.

Du behöver ingen snygg utrustning för att göra espresso till denna efterrätt eller någon av de andra i den här boken. Du kan använda en vanlig droppkaffebryggare eller till och med snabbespresso.

1/3 kopp varm, stark espresso

1 1/4 kopp socker

1/4 dl konjak eller rom

4 uns (1/2 kopp) mascarpone, vid rumstemperatur

1 kopp tung eller vispad grädde

1 1/2 kopp hackad halvsöt choklad (cirka 2 uns)

1. Minst 20 minuter innan du är redo att förbereda dessert, placera en medium skål och visparna från en elektrisk mixer i kylen. Blanda espresson och sockret. Rör om tills sockret löst sig. Tillsätt konjaken. Låt svalna till rumstemperatur.

2. Blanda mascarpone och kaffe i en stor skål tills det är slätt. Ta ut skålen och visparna ur kylen. Häll grädden i bunken och vispa grädden på hög hastighet tills den försiktigt håller formen när visparna lyfts, ca 4 minuter.

3. Använd en flexibel spatel och blanda försiktigt in krämen i mascaroneblandningen. Spara 2 matskedar choklad för att dekorera och tillsätt resten av chokladen i mascarponen.

4. Häll upp blandningen i sex glas. Strö över reserverad choklad. Täck över och kyl i 1 timme upp till över natten.

Kastanj "berg"

rida vitt

Ger 6 portioner

Detta berg av kastanjepuré, vispgrädde och chokladspån är uppkallat efter Mont Blanc, Monte Bianco på italienska, en av alperna som skiljer Frankrike och Italien åt i regionen Aostadalen.

Färska kastanjer i sina skal kokas, skalas sedan och smaksättas med rom och choklad för att göra denna festliga efterrätt. Du kan undvika koknings- och skalningsstegen genom att ersätta dem med sous vide-kokta kastanjer, hela eller i bitar, som säljs i burkar eller lådor. Du kan förbereda det mesta av receptet flera timmar innan servering.

1 pund färska kastanjer, eller ersätt 1 pund vakuumförpackade osötade kokta kastanjer

1 tesked salt

2 koppar helmjölk

1 1/2 kopp socker

3 uns bittersöt choklad, smält

2 msk mörk eller ljus rom eller konjak

1 kopp tung eller vispad grädde

1 1/2 tsk rent vaniljextrakt

Riven bittersöt choklad, att dekorera

1. Om du använder färska kastanjer, lägg dem med platta sidan nedåt på en skärbräda. Använd en liten, vass kniv och gör ett snitt i skalet utan att skära i kastanjen. Lägg kastanjerna i en kastrull med kallt vatten tills de täcks av två centimeter och salta. Koka upp och koka tills de är mjuka när du sticker hål med en kniv, cirka 15 minuter. Låt svalna något i vattnet. Ta bort kastanjerna ur vattnet en efter en och skala dem medan de fortfarande är varma, ta bort både det yttre skalet och innerskalet.

2. Lägg de skalade kastanjerna, eller sous vide-kastanjerna, i en medelstor kastrull. Tillsätt mjölk och socker och låt koka

upp. Täck över och koka, rör om då och då, tills kastanjerna är mjuka men fortfarande håller sin form, cirka 10 minuter för vakuumförpackade eller 20 minuter för nyskalade.

3. Lägg kastanjerna och matlagningsvätskan i en matberedare med rommen. Bearbeta tills den är slät, ca 3 minuter. Tillsätt den smälta chokladen. Låt svalna till rumstemperatur.

4. Häll blandningen i en hackare utrustad med ett blad med stora hål eller en juicepress. Håll kvarnen över en serveringsfat, rulla kastanjeblandningen på bladet, forma en kon eller "bergsform". (Kan förberedas upp till 3 timmar i förväg. Täck med plastfolie och förvara i svalt rumstemperatur.)

5. Minst 20 minuter före servering, ställ en stor skål och visparna från en elmixer i kylen. Ta ut skålen och visparna ur kylen. Häll grädden i bunken och vispa grädden på hög hastighet tills den försiktigt håller formen när visparna lyfts, ca 4 minuter.

6. Häll grädden över kastanje"berget" och låt det falla försiktigt från toppen som snö. Dekorera med riven choklad.

Chokladpudding

Cioccolato grädde

Ger 8 portioner

Kakao, choklad och tung grädde gör denna dessert rik, krämig och smakrik. Servera den i små portioner med vispad grädde och riven choklad.

2/3 kopp socker

1 1/4 kopp majsstärkelse

3 matskedar osötat kakaopulver

1 1/4 tesked salt

2 koppar helmjölk

1 kopp tung grädde

4 uns bittersöt eller halvsöt choklad, hackad, plus mer för garnering (valfritt)

1. I en stor skål, sikta ihop 1/3 kopp socker, majsstärkelse, kakao och salt. Tillsätt 1/4 dl mjölk tills det är slätt och väl blandat.

2. I en stor kastrull, kombinera den återstående 1/3 kopp sockret, 13/4 kopp mjölk och tung grädde. Koka på medelvärme, rör om ofta, tills sockret lösts upp och blandningen kokar upp, cirka 3 minuter.

3. Använd en visp och vispa ner kakaoblandningen i den varma mjölkblandningen. Koka, rör om, tills blandningen sjuder. Sänk värmen till låg och koka tills den tjocknat och slät, 1 minut till.

4. Häll innehållet i kastrullen i en stor skål. Tillsätt chokladen och rör om tills den smält och slät. Täck ordentligt med en bit plastfolie, fäst omslaget tätt mot puddingens yta för att förhindra att ett skinn bildas. Kyl tills kallt, 3 timmar till över natten.

5. För att servera, sked pudding i dessertskålar. Garnera med lite hackad choklad om så önskas och servera.

Risgrynsgröt med chokladbitar

Budino di Riso al Cioccolato

Ger 6 portioner

Jag åt denna krämiga rispudding i Bologna, där riskakor och puddingar är väldigt populära. Det var inte förrän jag provade det som jag upptäckte att det som verkade vara russin faktiskt var små bitar av bittersöt choklad. Vispad grädde lättar upp denna fylliga pudding gjord på medelkornigt italienskt ris. Servera den ensam eller medHallonsås året runtantingenvarm choklad.

6 koppar helmjölk

3 1/4 kopp medelkornigt ris, såsom Arborio, Carnaroli eller Vialone Nano

1 1/2 tsk salt

3 1/4 kopp socker

2 matskedar mörk rom eller konjak

1 tsk rent vaniljextrakt

1 kopp tung eller vispad grädde

3 uns bittersöt choklad, hackad

1. Kombinera mjölk, ris och salt i en stor kastrull. Koka upp mjölken och koka, rör om ofta, tills riset är mycket mört och mjölken absorberats, cirka 35 minuter.

2. Överför det kokta riset till en stor skål. Tillsätt sockret och låt svalna till rumstemperatur. Tillsätt rom och vanilj.

3. Minst 20 minuter innan du är redo att förbereda dessert, ställ en stor skål och visparna från en elektrisk mixer i kylen.

4. När svalnat, ta bort skålen och visparna från kylen. Häll grädden i bunken och vispa grädden på hög hastighet tills den försiktigt håller formen när visparna lyfts, ca 4 minuter.

5. Använd en smidig spatel och vänd ner den vispade grädden och den hackade chokladen i risblandningen. Servera genast eller täck över och låt svalna i kylen.

Kaffe Caramel Cream

Kaffebröd

Ger 6 portioner

Detta gamla toskanska recept har konsistensen av karamellkräm, men innehåller ingen mjölk eller grädde. Vaniljsåsen är rik, mörk och tät, men inte så tung som om den gjordes med grädde. Det italienska namnet visar att den en gång bakades i form av en limpa som en limpa, panna på italienska.

2 koppar varm, stark espresso

1 1/2 dl socker

2 matskedar vatten

5 stora ägg

1 matsked rom eller konjak

1. Sätt ett galler i mitten av ugnen. Värm ugnen till 350 ° F. Förbered 6 värmebeständiga vaniljsåsmuggar.

2. I en stor skål, vispa espresson med 3/4 kopp socker tills sockret löst sig. Låt stå tills kaffet är rumstemperatur, ca 30 minuter.

3. Kombinera den återstående 3/4 koppen socker och vatten i en liten, tjock kastrull. Koka på medelvärme, rör om då och då, tills sockret är helt upplöst, cirka 3 minuter. När blandningen börjar koka, sluta röra och koka tills sirapen börjar få färg runt kanterna. Snurra sedan pannan försiktigt över värmen tills sirapen har en jämn gyllenbrun färg, ca 2 minuter till. Skydda din hand med en ugnsvante, häll omedelbart den varma karamellen i ramekins.

4. I en stor skål, vispa ägg tills det blandas. Tillsätt det kalla kaffet och rommen. Häll blandningen genom en finmaskig sil i en skål och tillsätt den sedan i vaniljsåskopparna.

5. Lägg kopparna i en stor ugnsform. Placera pannan i mitten av ugnen och häll sedan hett vatten i pannan till ett djup av 1 tum. Grädda i 30 minuter eller tills en kniv som sticks in 1/2 tum från mitten av vaniljsåsen kommer ut ren. Överför kopparna från pannan till gallret för att svalna. Täck över och kyl i minst 3 timmar eller över natten.

6. För att servera, kör en liten kniv inuti varje vaniljsåsmugg. Satsa på serveringsfat och servera direkt.

Chokladkräm Karamell

Cioccolato Caramel Cream

Ger 6 portioner

Crème caramel är en mjuk och silkeslen vaniljsås. Jag gillar den här versionen, med chokladsmak, som jag hade i Rom.

Godis

³1/4 kopp socker

2 matskedar vatten

Grädde

2 koppar helmjölk

4 uns bittersöt eller halvsöt choklad, hackad

³1/4 kopp socker

4 stora ägg

2 stora äggulor

1. Sätt ett galler i mitten av ugnen. Värm ugnen till 350 ° F. Förbered 6 värmebeständiga vaniljsåsmuggar.

2. Förbered kolan: Blanda sockret och vattnet i en liten tjockbottnad kastrull. Koka på medelvärme, rör om då och då, tills sockret är helt upplöst, cirka 3 minuter. När blandningen börjar koka, sluta röra och koka tills sirapen börjar få färg runt kanterna. Snurra sedan pannan försiktigt över värmen tills sirapen har en jämn gyllenbrun färg, ca 2 minuter till. Skydda din hand med en ugnsvante, häll omedelbart den varma karamellen i ramekins.

3. Förbered grädden: Värm mjölken på låg värme i en liten kastrull tills det bildas små bubblor runt kanterna. Ta bort från elden. Tillsätt chokladen och resterande 3/4 dl socker och låt stå tills chokladen smält. Rör om tills det blandas.

4. Vispa ägg och gulor i en stor skål tills de blandas. Tillsätt mjölken till chokladen. Häll blandningen genom en finmaskig sil i en skål och tillsätt den sedan i vaniljsåskopparna.

5. Lägg kopparna i en stor ugnsform. Sätt in i mitten av ugnen. Häll försiktigt hett vatten i pannan till ett djup av 1 tum. Grädda i 20 till 25 minuter eller tills en kniv som sticks in 1/2 tum från mitten av vaniljsåsen kommer ut ren. Överför kopparna från pannan till gallret för att svalna. Täck över och kyl i minst 3 timmar eller över natten.

6. För att servera, kör en liten kniv inuti varje vaniljsåsmugg. Satsa på serveringsfat och servera direkt.

Amaretti Caramel Cutard

keps

Ger 8 portioner

Vaniljsås är vanligtvis släta, men denna piemontesiska version är behagligt kornig eftersom den är gjord med krossade amarettikex. Den tillagas ofta i en skål och dess namn kommer från ett dialektord för kronan på en hatt. Jag föredrar att grädda den i en lagertårtform (inte en springform) eftersom den är lättare att skära och servera så.

Godis

2/3 kopp socker

1 1/4 kopp vatten

Grädde

3 koppar helmjölk

4 stora ägg

1 kopp socker

1 kopp holländskt bearbetat osötat kakaopulver

3/4 dl finkrossade importerade italienska amarettikakor (cirka 12)

2 matskedar mörk rom

1 tsk rent vaniljextrakt

1. Förbered kolan: Blanda sockret och vattnet i en liten tjockbottnad kastrull. Koka på medelvärme, rör om då och då, tills sockret är helt upplöst, cirka 3 minuter. När blandningen börjar koka, sluta röra och koka tills sirapen börjar få färg runt kanterna. Snurra sedan pannan försiktigt över värmen tills sirapen har en jämn gyllenbrun färg, ca 2 minuter till. Skydda din hand med en ugnsvante, häll omedelbart karamellen i en 8- eller 9-tums kakform. Luta formen för att belägga botten och en del av sidorna med karamell.

2. Sätt ett galler i mitten av ugnen. Värm ugnen till 325 ° F. Placera en ugnsform som är tillräckligt stor för att hålla pajformen i mitten av ugnen.

3. Förbered vaniljsåsen: Värm mjölken på låg värme i en stor, kraftig kastrull tills det bildas små bubblor runt kanten.

4. Under tiden, i en stor skål, vispa äggen med sockret tills de precis blandas. Tillsätt kakaon, kaksmulor, rom och vanilj. Tillsätt gradvis den varma mjölken.

5. Häll vaniljsåsblandningen genom en fin sil i den förberedda pannan. Placera pannan i mitten av stekpannan. Häll försiktigt mycket varmt vatten i stekpannan till ett djup av 1 tum.

6. Grädda i 1 timme och 10 minuter eller tills toppen har stelnat men mitten fortfarande är något vågig. (Skydda din hand med en ugnsvante, skaka pannan försiktigt.) Förbered ett kylställ. Överför pannan till ett galler för att svalna i 15 minuter. Täck över och kyl i 3 timmar upp till över natten.

7. För att ta bort formen, kör en liten kniv runt insidan av formen. Vänd upp vaniljsåsen på ett serveringsfat. Skär i skivor för att servera omedelbart.

Enkel sirap för granita

Gör 1 1/4 kopp

Om du vill göra granitas när som helst, dubbla eller tredubbla detta recept och förvara det i en förseglad burk i kylen i upp till två veckor.

1 kopp kallt vatten

1 kopp socker

1. Blanda vattnet och sockret i en liten kastrull. Koka upp på medelvärme och koka, rör om då och då, tills sockret löst sig, cirka 3 minuter.

2. Låt sirapen svalna lite. Häll i en behållare, täck över och ställ i kylen tills den ska användas.

Citrongranita

Citrongranita

Ger 6 portioner

Den ultimata sommarens förfriskningar: servera den som den är med en citronklyfta och en myntakvist, eller blanda den i sommarcocktails. Citrongranita gör också en bra affogato, vilket betyder "dränkt", med en sked grappa eller limoncello, Capris läckra citronlikör.

1 kopp vatten

2/3 kopp socker

2 1/2 dl isbitar

1 tsk citronskal

1 1/2 dl färskpressad citronsaft

1. Blanda vattnet och sockret i en liten kastrull. Koka upp på medelvärme och koka, rör om då och då, tills sockret löst sig, cirka 3 minuter. Låt svalna något. Lägg isbitarna i en

stor skål och häll sirapen över isbitarna. Rör om tills glassen smält. Kyl tills den är kall, ca 1 timme.

2. Kyl en 13×9×2-tums metallpanna i frysen. I en medelstor skål, kombinera sockersirap, citronskal och citronsaft. Ta ut formen ur frysen och häll sedan blandningen i den. Frys i 30 minuter eller tills en 1-tums kant av iskristaller bildas runt kanterna.

3. Lägg till iskristallerna i mitten av blandningen. Lägg tillbaka skålen i frysen och fortsätt frysa, rör om var 30:e minut, tills all vätska är frusen, ca 2 till 2 1/2 timme. Servera omedelbart eller skrapa ner blandningen i en plastbehållare, täck över och förvara i frysen i upp till 24 timmar.

4. Ta ur frysen för att mjukna ca 15 minuter före servering, om det behövs.

Fryst vattenmelon

Cocomero Granita

Ger 6 portioner

Smaken av denna slush är så koncentrerad och friskheten så uppfriskande att den till och med kan vara bättre än färsk vattenmelon. Det är en favorit på Sicilien, där somrarna kan vara extremt varma.

1 kopp vatten

1 1/2 kopp socker

4 dl vattenmelonbitar, kärnade

2 msk färsk citronsaft eller efter smak

1. Blanda vattnet med sockret i en liten kastrull. Koka upp på medelvärme, koka sedan, rör om då och då, tills sockret löst sig, cirka 3 minuter. Låt svalna något och ställ sedan i kylen tills det är kallt, cirka 1 timme.

2. Kyl en 13×9×2-tums metallpanna i frysen. Lägg vattenmelonbitarna i en mixer eller matberedare och mixa tills de är slät. Häll genom en finmaskig sil i en skål för att ta bort eventuella fröbitar. Du bör ha cirka 2 koppar juice.

3. Blanda saften och sirapen i en stor skål. Tillsätt citronsaft efter smak.

4. Ta ut formen ur frysen och häll sedan blandningen i den. Frys i 30 minuter eller tills en 1-tums kant av iskristaller bildas runt kanterna. Lägg till iskristallerna i mitten av blandningen. Lägg tillbaka skålen i frysen och fortsätt frysa, rör om var 30:e minut, tills all vätska är frusen, ca 2 till 21/2 timme. Servera omedelbart eller skrapa ner blandningen i en plastbehållare, täck över och förvara i frysen i upp till 24 timmar.

5. Ta ur frysen för att mjukna ca 15 minuter före servering, om det behövs.

mandarin granita

Mandarin granit

Ger 4 portioner

Södra Italien är fullt av alla sorters citrusfrukter. Jag hade denna granita i Taranto i Puglia. På så sätt kan du tillaga mandarin-, tangelo-, clementin- eller mandarinjuicer.

Bli inte frestad att tillsätta mer alkohol till denna blandning, annars kan alkoholen förhindra att den fryser.

1 kall koppenkel sirap

1 kopp färsk mandarinjuice (från cirka 4 medelstora mandariner)

1 tsk nyrivet mandarinskal

2 matskedar mandarin eller apelsinlikör

1. Förbered den enkla sirapen, om det behövs, och kyl. Placera sedan en 13×9×2 tums bakplåt i metall i frysen.

2. I en stor skål, vispa ihop juice, skal, sirap och likör tills det är väl blandat. Ta ut den kalla pannan från frysen och häll vätskan i pannan.

3. Placera pannan i frysen i 30 minuter eller tills en 1-tums kant av iskristaller bildas runt kanterna. Lägg till iskristallerna i mitten av blandningen. Lägg tillbaka skålen i frysen och fortsätt frysa, rör om var 30:e minut, tills all vätska är frusen, ca 2 till 21/2 timme. Servera omedelbart eller skrapa ner blandningen i en plastbehållare, täck över och förvara i frysen i upp till 24 timmar.

4. Ta ur frysen för att mjukna ca 15 minuter före servering, om det behövs.

Jordgubbsvin granita

Granita di Fragola al Vino

Gör 6 till 8 portioner

Med färska, mogna jordgubbar är det gott, men även vanliga jordgubbar smakar gott i denna slushy.

2 pints jordgubbar, sköljda och skalade

1 1/2 dl socker eller efter smak

1 dl torrt vitt vin

2 till 3 matskedar färsk citronsaft

1. Placera en 13×9×2-tums panna i frysen för att kyla. Skär jordgubbarna på mitten eller, om de är stora, i fjärdedelar. Blanda jordgubbarna, sockret och vinet i en stor kastrull. Koka upp och låt koka i 5 minuter, rör om då och då, tills sockret löst sig. Ta bort från värmen och låt svalna. Kyl tills den är kall, minst 1 timme.

2. Häll blandningen i en matberedare eller mixer. Reducera till en slät puré. Tillsätt citronsaft efter smak.

3. Ta ut den kalla formen ur frysen och häll blandningen i formen. Placera pannan i frysen i 30 minuter eller tills en 1-tums kant av iskristaller bildas runt kanterna. Lägg till iskristallerna i mitten av blandningen. Lägg tillbaka skålen i frysen och fortsätt frysa, rör om var 30:e minut, tills all vätska är frusen, ca 2 till 21/2 timme. Servera omedelbart eller skrapa ner blandningen i en plastbehållare, täck över och förvara i frysen i upp till 24 timmar.

4. Ta ur frysen för att mjukna ca 15 minuter före servering, om det behövs.

Café Granita

Kaffe Granita

Ger 8 portioner

Caffè Tazza d'Oro nära Pantheon i Rom lagar något av det bästa kaffet i staden. På sommaren vänder sig både turister och lokalbefolkningen till sin granita di caffè, espressoglass, serverad med eller utan en klick nyvispad grädde. Det är lätt att göra och läskande efter en sommarmåltid.

4 koppar vatten

5 rågade teskedar instant espressopulver

2 till 4 matskedar socker

Vispad grädde (valfritt)

1. Placera en 13×9×2-tums panna i frysen för att kyla. Koka upp vattnet. Ta bort från elden. Tillsätt instant espressopulver och socker efter smak. Låt svalna något och täck sedan över. Kyl tills den är kall, ca 1 timme.

2. Ta ut den kalla grytan ur frysen och häll kaffet i grytan. Frys tills en 1-tums kant av iskristaller bildas runt kanterna. Lägg till iskristallerna i mitten av blandningen. Lägg tillbaka skålen i frysen och fortsätt frysa, rör om var 30:e minut, tills all vätska är frusen, ca 2 till 21/2 timme.

3. Servera omedelbart, toppad med grädde om du använder, eller skrapa blandningen i en plastbehållare, täck över och förvara i frysen i upp till 24 timmar.

4. Ta ur frysen för att mjukna ca 15 minuter före servering, om det behövs.

Citrus och Campari granita

Granita di Agrumi och Campari

Ger 6 portioner

Campari, en knallröd aperitif, dricks vanligtvis över is eller blandas med läsk före en måltid. Till denna granita kombineras den med citrusjuice. Campari har en behagligt bitter kant som är mycket uppfriskande, och granitan har en vacker rosa färg.

1 kopp vatten

1 1/2 kopp socker

2 dl färskpressad grapefruktjuice

1 dl färskpressad apelsinjuice

1 tsk apelsinskal

3/4 dl Campari

1. Placera en 13×9×2-tums panna i frysen för att kyla i minst 15 minuter. Blanda vatten och socker i en liten kastrull. Koka upp på medelvärme och koka sedan, rör om då och

då, tills sockret lösts upp. Blanda väl. Ta bort från värmen och låt svalna. Kyl sirapen.

2. Blanda den kalla sirapen, juicer, Campari och apelsinskal.

3. Ta ut den kalla formen ur frysen och häll blandningen i formen. Placera pannan i frysen i 30 minuter eller tills en 1-tums kant av iskristaller bildas runt kanterna. Lägg till iskristallerna i mitten av blandningen. Lägg tillbaka skålen i frysen och fortsätt frysa, rör om var 30:e minut, tills all vätska är frusen, ca 2 till 2 1/2 timme. Servera omedelbart eller skrapa ner blandningen i en plastbehållare, täck över och förvara i frysen i upp till 24 timmar.

4. Ta ur frysen för att mjukna ca 15 minuter före servering, om det behövs.

Vit persika och prosecco granita

Granita di Pesche och Prosecco

Ger 6 portioner

Denna granita är inspirerad av Bellini, en läcker cocktail som gjorts känd av Harry's Bar i Venedig. En Bellini är gjord på vit persikajuice och prosecco, ett mousserande vitt vin från Veneto-regionen.

Pulversocker blandas lättare än strösocker, men om du inte hittar det, använd liteenkel siraptesta.

5 medelmogna vita persikor, skalade och skurna i bitar

1 1/2 kopp superfint socker

2 msk färsk citronsaft eller efter smak

1 dl prosecco eller annat torrt mousserande vitt vin

1. Placera en 13×9×2-tums panna i frysen för att kyla i minst 15 minuter. Blanda persikor, strösocker och citronsaft i en

mixer eller matberedare. Rör om eller bearbeta tills sockret är helt upplöst. Tillsätt vinet.

2.Ta ut den kalla formen ur frysen och häll blandningen i formen. Placera pannan i frysen i 30 minuter eller tills en 1-tums kant av iskristaller bildas runt kanterna. Lägg till iskristallerna i mitten av blandningen. Lägg tillbaka skålen i frysen och fortsätt frysa, rör om var 30:e minut, tills all vätska är frusen, ca 2 till 2 1/2 timme. Servera omedelbart eller skrapa ner blandningen i en plastbehållare, täck över och förvara i frysen i upp till 24 timmar.

3.Ta ur frysen för att mjukna ca 15 minuter före servering, om det behövs.

Chokladsorbet

Cioccolato Sorbetto

Ger 6 portioner

En sorbet är en fryst dessert med mjuk konsistens som innehåller mjölk eller äggvita för att ge den krämig. Det här är min version av sorbeten jag åt på Caffè Florian, ett historiskt café och tesalong på Piazza San Marco i Venedig.

1 1/2 kopp socker

3 uns bittersöt choklad, smulad

1 kopp vatten

1 kopp helmjölk

1. Blanda alla ingredienserna i en liten kastrull. Koka upp på medelvärme. Koka, rör hela tiden med en visp, tills den är blandad och slät, cirka 5 minuter.

2. Häll blandningen i en medelstor skål. Täck över och kyl tills det svalnat.

3. Följ tillverkarens anvisningar i din glassfrys eller frys in i grunda formar tills den är fast men inte hård, cirka 2 timmar. Häll blandningen i en mixerskål och vispa tills den är slät. Packa i en plastbehållare, täck över och förvara i frysen. Servera inom 24 timmar.

Prosecco citrongranita

sgroppin

Ger 4 portioner

Venetianerna avslutar gärna sina måltider med en sgroppino, en sofistikerad och krämig granita av citronsorbet vispad med prosecco, ett torrt mousserande vitt vin. Det måste göras i sista minuten, och det är en rolig efterrätt att göra vid bordet. Jag gillar att servera den i martiniglas. Använd ett citronstrå av god kvalitet som du köpt i butik. Det är inte traditionellt, men orange skulle också vara trevligt.

1 dl citronsorbet

1 dl mycket kall prosecco eller annat torrt mousserande vin

Myntkvistar

1. Kyl 4 stora glas eller parfaitglas i kylen flera timmar före servering av dessert.

2. Strax innan servering tar du ut sugröret från frysen. Låt stå i rumstemperatur tills den är mjuk nog att ta bort, cirka 10 minuter. Häll sugröret i en medelstor skål. Vispa tills den är slät och slät.

3. Tillsätt sakta proseccon och vispa kort med en visp tills den är krämig och slät. Häll snabbt upp slurryn i kylda vinglas eller martiniglas. Garnera med mynta. Servera omedelbart.

Rosa Prosecco Granita

Sgroppino alle Fragole

Ger 6 portioner

Om de färska jordgubbarna på din marknad inte är mogna och doftande, prova att använda frysta jordgubbar till denna enkla efterrätt.

1 kopp skivade jordgubbar

1 till 2 matskedar socker

1 dl citronsorbet

1 dl prosecco eller annat torrt mousserande vin

Små färska jordgubbar eller citronskivor, till garnering

1. Kyl 6 stora glas eller parfaitglas i kylen flera timmar före servering av dessert.

2. Lägg jordgubbarna och 1 msk socker i en matberedare eller mixer. Purea bären tills de är slät. Smaka på sötman. Tillsätt mer socker om det behövs.

3. Strax innan servering tar du ut sugröret från frysen. Låt stå i rumstemperatur tills den är mjuk nog att ta bort, cirka 10 minuter. Häll sugröret i en medelstor skål. Vispa tills den är slät och slät. Tillsätt jordgubbspurén. Tillsätt vinet snabbt och vispa tills blandningen är krämig och slät. Häll upp i kylda glas. Garnera med jordgubbar eller citronklyftor och servera genast.

Glass"

Glass

Gör 6 till 8 portioner

En hint av citron i denna lätta och fräscha glass. Jag gillar att göra det när lokala jordgubbar är i säsong och servera dem tillsammans.

3 koppar helmjölk

4 äggulor

2/3 kopp socker

1 tsk rent vaniljextrakt

1 tsk citronskal

1. Värm mjölken på medelvärme i en medelstor kastrull tills det bildas små bubblor runt kastrullens kant. Koka inte mjölken. Ta bort från elden.

2. Vispa äggulor och socker i en värmesäker skål tills det är tjockt och väl blandat. Tillsätt den varma mjölken, långsamt

först, och vispa hela tiden tills all mjölk är blandad. Tillsätt citronskalet.

3. Häll tillbaka blandningen i kastrullen. Ställ kastrullen på medelvärme. Koka, rör hela tiden med en träslev, tills ånga börjar stiga ur pannan och krämen tjocknar något, cirka 5 minuter.

4. Häll grädde genom en nätsil i en skål. Tillsätt vaniljen. Låt svalna något, täck sedan över och ställ i kylen tills det är helt kallt, cirka 1 timme.

5. Frys in i en glassmaskin enligt tillverkarens anvisningar. Packa glassen i en plastbehållare, täck över och frys i upp till 24 timmar.

Citronglass

Citronglass

Ger 3 till 4 portioner

Du behöver två till tre stora citroner för att få tillräckligt med juice och skal för denna enkla och läckra glass.

1 1/2 dl färskpressad citronsaft

1 msk nyrivet citronskal

1 kopp socker

1 pint halv och halv

1. I en medelstor skål, kombinera citronsaft, skal och socker och blanda väl. Låt vila i 30 minuter.

2. Tillsätt hälften och hälften och blanda väl. Häll blandningen i behållaren på en glassmaskin och följ tillverkarens instruktioner för frysning.

3. Packa glassen i en plastbehållare, täck över och frys i upp till 24 timmar.

ricotta glass

Ricotta gelato

Gör 6 till 8 portioner

Ricotta-glass är en av favoritsmakerna hos Giolitti, en av de utmärkta romerska glassbarerna. Varje sommarnatt samlas enorma folkmassor för att köpa kottar fyllda med deras läckra glassar.

Några matskedar hackad choklad eller pistagenötter kan läggas till glassblandningen. Servera den här mustiga glassen i små portioner, droppad med lite apelsinlikör eller rom om så önskas.

Kanderat apelsinskal och citron finns i italienska och mellanöstern specialbutiker eller via postorder.Källor.

16 uns färsk ricotta, hel eller delvis skummad

1 1/2 kopp socker

2 matskedar söt eller torr Marsala

1 tsk rent vaniljextrakt

1 1/2 kopp kall tung eller vispgrädde

2 msk hackad cider

2 msk hackat kanderat apelsinskal

1. Minst 20 minuter innan du är redo att förbereda dessert, ställ en stor skål och visparna från en elektrisk mixer i kylen. Lägg ricottan i en finmaskig sil över en skål. Använd en gummispatel och tryck ricottan genom silen och ner i skålen. Vispa samman socker, Marsala och vanilj.

2. Ta ut skålen och visparna ur kylen. Häll grädden i bunken och vispa grädden på hög hastighet tills den försiktigt håller formen när visparna lyfts, ca 4 minuter.

3. Använd en flexibel spatel och blanda in grädden, cidern och skalet i ricottablandningen. Häll blandningen i skålen på en glassmaskin och frys in enligt tillverkarens instruktioner.

4. Packa glassen i en plastbehållare, täck över och frys i upp till 24 timmar.

mascarpone glass

mascarpone glass

Ger 4 portioner

Mascarponen gör den rikare än vanlig glass.

1 kopp helmjölk

1 kopp socker

1 1/2 kopp mascarpone

1 1/2 dl färskpressad citronsaft

1 tsk citronskal

1. Blanda mjölken och sockret i en liten kastrull. Koka på låg värme, rör om ofta, tills sockret löst sig, cirka 3 minuter. Låt svalna något.

2. Tillsätt mascarponen och vispa tills den är slät. Tillsätt citronsaft och skal.

3. Frys in i en glassmaskin enligt tillverkarens anvisningar.

4.Packa glassen i en plastbehållare, täck över och frys i upp till 24 timmar.

kanelglass

Kanelglass

Ger 6 portioner

En sommar i Italien för några år sedan serverades den här glassen på toppVarm röd fruktsås, och jag åt det glatt igen och igen. Glass är utsökt på egen hand, eller prova den medmockasås.

2 koppar helmjölk

1 kopp tung grädde

1 (2 tum) remsa citronskal

1 1/2 tsk mald kanel

4 stora äggulor

1 1/2 kopp socker

1. I en medelstor kastrull, kombinera mjölk, grädde, citronskal och kanel. Värm på låg värme tills små bubblor bildas runt kanterna. Ta bort från elden.

2. Vispa äggulor och socker i en stor värmesäker skål tills det blir skummande. Häll gradvis den varma mjölken i ägguleblandningen, vispa tills den blandas.

3. Häll tillbaka blandningen i kastrullen. Ställ kastrullen på medelvärme. Koka, rör hela tiden med en träslev, tills ånga börjar stiga ur pannan och krämen tjocknar något, cirka 5 minuter.

4. Häll vaniljen genom en sil i en skål. Låt svalna. Täck över och kyl i kylen i minst 1 timme eller över natten. (För att kyla vaniljsåsblandningen snabbt, häll den i en skål i en större skål fylld med isvatten. Rör om blandningen ofta.)

5. Frys in blandningen i en glassfrys enligt tillverkarens anvisningar. Packa glassen i en plastbehållare, täck över och frys i upp till 24 timmar.

Espressoglass

Gelato di Caffè

Gör 6 till 8 portioner

Hemma brygger de flesta italienare kaffe i en specialdesignad gryta på spisen. Den trycker varm ånga, inte hett vatten, genom kaffet, och det är det som gör en klassisk espresso.

Men du kan göra gott kaffe med espressobönor i en vanlig droppkanna. Se bara till att du använder espresso av god kvalitet och gör den stark, speciellt för denna glass. Han är himmelsk krönt medvarm choklad.

2 koppar helmjölk

2/3 kopp socker

3 stora äggulor

1 kopp starkt espressokaffe

1. Värm mjölken med sockret i en liten kastrull tills det bildas små bubblor runt kanterna, ca 3 minuter. Rör om tills sockret löst sig.

2. Vispa äggulorna i en stor värmesäker skål tills de är ljusgula. Tillsätt gradvis den varma mjölken. Häll blandningen i kastrullen. Koka på låg värme under ständig omrörning med en träslev tills ånga kommer upp från ytan och blandningen tjocknar något. Häll genast blandningen genom en fin sil i en skål. Tillsätt bryggkaffet. Täck över och ställ i kylen i minst 1 timme.

3. Frys in blandningen i en glassfrys enligt tillverkarens anvisningar. Packa glassen i en plastbehållare, täck över och frys i upp till 24 timmar.

Valnöt och kola glass

Gelato di Noci

Ger 6 portioner

Häll lite rom eller konjak över denna glass innan servering.

1 1/4 dl socker

1 1/4 kopp vatten

1 kopp tung grädde

2 koppar helmjölk

5 stora äggulor

1 tsk rent vaniljextrakt

3 1/4 kopp valnötter

1. Blanda sockret och vattnet i en liten tjockbottnad kastrull. Koka på medelvärme, rör om då och då, tills sockret är helt upplöst, cirka 3 minuter. När blandningen börjar koka, sluta röra och koka tills sirapen börjar få färg runt

kanterna. Snurra sedan pannan försiktigt över värmen tills sirapen har en jämn gyllenbrun färg, ca 2 minuter till.

2. Ta kastrullen från värmen. När det slutar bubbla, häll försiktigt i grädden. Var försiktig, kolan kan bubbla. När all grädde är tillsatt kommer kolan att stelna. Återställ pannan till värmen. Koka under konstant omrörning tills karamellen är rinnig och slät. Häll blandningen i en stor skål.

3. Värm mjölken i samma kastrull tills det bildas små bubblor runt kastrullens kant, ca 3 minuter.

4. Vispa äggulorna med den återstående 1/4 dl sockret i en medelvärmebeständig skål tills de är väl blandade. Tillsätt gradvis den varma mjölken. Häll blandningen i kastrullen och låt koka på låg värme, under konstant omrörning, tills ångan stiger från ytan och blandningen är något tjock.

5. Häll genast äggublandningen genom en fin sil i skålen med kolan. Tillsätt vanilj och rör tills det är slätt. Täck över och ställ i kylen i minst 1 timme.

6. Sätt ett galler i mitten av ugnen. Värm ugnen till 350 ° F. Bred ut nötter i en liten kastrull. Grädda, rör om en eller två gånger, i 10 minuter eller tills de är lätt rostade. Gnid in valnötsbitarna med en handduk för att ta bort en del av skalet. Låt svalna. Hacka i stora bitar.

7. Frys in blandningen i en glassfrys enligt tillverkarens anvisningar.

8. När glassen är klar, tillsätt nötterna. Packa glassen i en plastbehållare, täck över och frys i upp till 24 timmar.

Honung och nougatglass

Miele Gelato al Torrone

Ger 6 portioner

Italienare älskar honung, speciellt om den är gjord av bin som pollinerar doftande blommor och träd som lavendel och kastanjer. Honung sprids på rostat bröd, ringlas med ost och används i matlagning. Den här glassen får smak från den typ av honung som används, så leta efter en med en intressant smak.

Det finns två typer av torrone i Italien. Den ena är en sötare nougatkonfekt, gjord på honung, äggvita och nötter. Den andra typen, lätt att göra hemma (seskör mandel), är en hård pralin som består av socker, vatten och nötter. Båda typerna av torrone säljs även i pinneform och finns i italienska livsmedelsbutiker och konditorier, speciellt runt jul.

Torrongarneringen är valfri, men väldigt god. Både mjuka och hårda kan användas.

2 koppar helmjölk

4 stora äggulor

1 1/2 kopp honung

1 kopp tung grädde

Ca 6 matskedar rom eller konjak

1 1/2 kopp finhackad torrone (valfritt)

1. I en medelstor kastrull, värm mjölken på låg värme tills små bubblor bildas runt kanten på pannan, ca 3 minuter.

2. I en stor värmesäker skål, vispa äggulor och honung tills det är slätt. Tillsätt gradvis den varma mjölken. Häll blandningen i kastrullen och låt koka på låg värme, under konstant omrörning, tills ångan stiger från ytan och blandningen tjocknar något.

3. Häll genast blandningen genom en fin sil i en skål. Tillsätt grädden. Täck över och kyl tills den är kall, ca 1 timme.

4. Frys in blandningen i en glassfrys enligt tillverkarens anvisningar. Packa glassen i en plastbehållare. Täck och

frys i upp till 24 timmar. Servera varje portion garnerad med en sked rom eller konjak och en nypa krossad torrone.

Amaretti Gelato

Amaretti Gelato

Gör 6 till 8 portioner

Italienare älskar amaretti, lätta och krispiga mandelkakor, på egen hand eller i sina desserter. Krisiga amaretti-kakabitar garnerar denna glass. Servera med lite amarettolikör.

2 koppar helmjölk

4 stora äggulor

1 1/2 kopp socker

1 kopp tung grädde

1 tsk rent vaniljextrakt

1 dl grovt krossade amarettikakor

1. Värm mjölken i en stor kastrull på låg värme tills det bildas små bubblor runt kanterna, ca 3 minuter.

2. Vispa äggulorna och sockret i en stor värmesäker skål tills de är väl blandade. Tillsätt gradvis den varma mjölken under konstant vispning. När all mjölk är tillsatt, häll blandningen i kastrullen. Koka på medelvärme, under konstant omrörning, tills ångan stiger från ytan och blandningen tjocknar något.

3. Häll genast blandningen genom en fin sil i en skål. Tillsätt grädden och vaniljen. Täck över och kyl tills den är kall, ca 1 timme.

4. Frys in glassen i en glassmaskin enligt tillverkarens instruktioner. När fryst, tillsätt smulorna. Packa glassen i en plastbehållare, täck över och frys i upp till 24 timmar.

"Drunknad" is

Affogato Gelato

Ger 4 portioner

Vilken glassmak som helst kan "dränkas" i varm espresso, men kola pekannötter och grädde är två av mina favoriter. Glassen smälter något och skapar en krämig sås. Du kan utelämna alkoholen om du vill.

4 matskedarpekannötsgodisantingenGlass"

1 1/2 kopp varmt espressokaffe

2 msk apelsinlikör eller amaretto (valfritt)

1. Förbered glassen ev. Häll upp glassen i två serveringsskålar.

2. Om du använder likör, kombinera espresson och likören i en liten skål, häll sedan blandningen över glassen. Servera omedelbart.

Balsamvinägerglass

Balsamisk gelato

Ger 4 portioner

Glass och vinäger kan tyckas vara en konstig kombination, och det skulle vara om den gjordes med vanlig balsamvinäger. Till denna unika dessert, populär i Parma, bör endast den finaste lagrade balsamiconen användas som en slät, lätt sammandragande sås över den söta glassen. Stormarknadsutbudet skulle vara för skarpt.

4 skopor vaniljglass eller premium fryst yoghurt, ellerGlass", mjuknat

2 till 3 teskedar vällagrad balsamvinäger

Förbered glassen ev. Lägg upp glassen på serveringsfat. Ringla över balsamvinäger. Servera omedelbart.

Frysta tryffel

tartufi

Ger 6 portioner

Sedan min första resa till Italien 1970 kan jag inte åka till Rom utan ett kort stopp vid Tre Scalini på Piazza Navona för en tryffel. Detta populära kafé har varit känt i flera år för sina läckra frysta tryffel, glasskulor rullade i rika chokladflingor som omger ett syrligt körsbärscenter. Frysta tryffel är lätta att göra hemma och gör en festlig efterrätt. Se bara till att hålla allt kallt och arbeta snabbt. En stor glassskopa med en fjäderbelastad spak för att frigöra isen är det bästa verktyget för detta.

4 uns halvsöta chokladchips

6 italienska körsbär i sirap (Amarena körsbär, finns i burkar) eller maraschino körsbär blandat med lite konjak

2 msk hackad mandel

1 pint vaniljglass

1 pint chokladglass

1. Klä en liten ugnsform av metall med vaxat papper och ställ in i frysen. Täck en bakplåt med folie.

2. I den nedre halvan av en dubbelkokare eller medelstor kastrull, koka upp 2 tum vatten. Lägg chokladbitarna i den övre halvan av dubbelpannan eller i en skål som passar bekvämt över kastrullen. Låt chokladen stå tills den mjuknat, ca 5 minuter. Rör om tills det är slätt. Skrapa den smälta chokladen på den folieklända plåten. Bred ut chokladen jämnt och tunt på folien. Kyl i kylen tills den är fast, ca 1 timme.

3. När chokladen är hård lyfter du upp folien från formen och bryter chokladbladet till 1/2-tums flingor med en spatel eller fingrarna. Bred ut flingorna på bakplåten.

4. Ta ut den kalla pannan från frysen. Doppa en stor kula glass i vaniljglassen, fyll den ungefär halvvägs. Doppa bollen i chokladglassen, fyll den helt. Håll glassen i bollen, stick ett hål i mitten och sätt i en av körsbären och några mandel. Forma glassen över fyllningen. Lägg glasskulan på

chokladspånen och rulla glassen snabbt, tryck chokladen mot ytan. Använd en metallspatel för att lyfta, överför den belagda glassen till den kalla pannan. Lägg tillbaka formen i frysen.

5. Gör 5 andra frysta tryffel på samma sätt. Täck tryffeln och formen med plastfolie innan du sätter tillbaka formen i frysen. Frys in minst 1 timme eller upp till 24 timmar före servering.

Mandel gräddkoppar

kex tortoni

Ger 8 portioner

När jag växte upp var det standardefterrätten på italienska restauranger, ungefär som tiramisu har varit i 15 år. Även om det kan vara gammaldags, är det fortfarande gott och lätt att göra.

För en mer raffinerad efterrätt, häll blandningen i parfaitglas eller ramekins. Maraschino-körsbären ger lite färg, men du kan utelämna dem om du föredrar det.

2 dl kall tung eller vispad grädde

1 1/2 kopp florsocker

2 teskedar rent vaniljextrakt

1/2 tsk mandelextrakt

2 äggvitor i rumstemperatur

Nypa salt

8 maraschino körsbär, avrunna och hackade (valfritt)

2 msk finhackad rostad mandel

12 till 16 importerade italienska amarettikakor, fint krossade (ca 1 dl brödsmulor)

1. Minst 20 minuter innan du är redo att vispa grädden, ställ en stor mixerskål och visparna från en elmixer i kylen. Klä en muffinsform med 8 veckade papper eller aluminium cupcake liners.

2. Ta ut skålen och visparna ur kylen. Häll grädden, sockret och extrakten i skålen och vispa blandningen på hög hastighet tills den håller formen jämn när visparna lyfts, cirka 4 minuter. Kyl den vispade grädden.

3. I en stor, ren skål med rena vispar, vispa vitorna med saltet på låg hastighet tills det skummar. Öka gradvis hastigheten och vispa tills vitorna håller mjuka toppar när visparna lyfts. Använd en flexibel spatel och blanda försiktigt in vitorna i den vispade grädden.

4. Spara 2 matskedar amarettismulor. Rör ner resterande brödsmulor, körsbär och mandel i gräddblandningen. Häll upp i förberedda muffinsformar. Strö över reserverade amarettismulor.

5. Täck med folie och frys i minst 4 timmar eller över natten. Ta ut ur kylen 15 minuter före servering.

orange skum

Spumone di Arancia

Ger 6 portioner

Spumone kommer från spuma, som betyder "skum". Den har en krämigare konsistens än vanlig glass eftersom äggulorna kokas med den varma sockersirapen för att göra en tjock vaniljsås. Även om den är rik på äggulor är den lätt och luftig tack vare äggskummet och vispgrädden.

3 navelapelsiner

1 kopp vatten

3 1/4 kopp socker

6 stora äggulor

1 kopp kall tung eller vispad grädde

1. Riv skalet av apelsinerna och pressa ur saften. (Det ska finnas 3 matskedar skal och 2/3 kopp juice.)

2. I en medelstor kastrull, kombinera vatten och socker. Koka upp på medelvärme och koka sedan, rör om då och då, tills sockret lösts upp.

3. I en stor värmesäker skål, vispa äggulorna tills de blandas. Tillsätt långsamt den varma sockerlagen i en tunn stråle, under konstant vispning. Häll blandningen i kastrullen och koka på låg värme, rör om med en träslev, tills den tjocknar något och blandningen lätt täcker skeden.

4. Häll blandningen genom en fin sil i en skål. Tillsätt apelsinjuicen och skalet. Låt svalna, täck sedan och ställ i kylen tills det är kallt, minst 1 timme. Ställ en stor skål och visparna från en elektrisk mixer i kylen.

5. Strax innan servering tar du ut skålen och visparna från kylen. Häll grädden i bunken och vispa grädden på hög hastighet tills den försiktigt håller formen när visparna lyfts, ca 4 minuter. Använd en flexibel spatel och blanda försiktigt ner grädden i apelsinblandningen.

6. Frys in i en glassfrys enligt tillverkarens anvisningar. Lägg i en behållare, täck över och frys. Servera inom 24 timmar.

mandel semifreddo

Semifreddo alle Mandorle

Ger 8 portioner

Semifreddo betyder "halvkall". Denna dessert har fått sitt namn för att trots att den är fryst förblir dess konsistens slät och krämig. Det smälter lätt, så håll allt väldigt kallt medan du förbereder det.varm chokladDet är ett bra ackompanjemang.

³1/4 kopp kall tung eller vispgrädde

1 tsk rent vaniljextrakt

³1/4 kopp socker

¹1/4 kopp vatten

4 stora ägg, i rumstemperatur

6 amarettikex, fint krossade

2 msk finhackad rostad mandel

2 matskedar skivad mandel

1. Klä en 9x5x3-tums brödform av metall med plastfolie, lämna ett 2-tums överhäng i ändarna. Kyl formen i frysen. Minst 20 minuter innan du är redo att vispa grädden, ställ en stor mixerskål och visparna från en elmixer i kylen.

2. När du är klar, ta bort skålen och blandarna från kylen. Häll grädde och vanilj i bunken och vispa grädden på hög hastighet tills den försiktigt håller formen när visparna höjs, ca 4 minuter. Sätt tillbaka skålen i kylen.

3. Blanda sockret och vattnet i en liten kastrull. Koka upp på medelvärme, koka sedan, rör om då och då, tills sockret är helt upplöst, cirka 2 minuter.

4. Vispa ägg i en stor skål med en mixer på medelhastighet tills det skummar, cirka 1 minut. Vispa sakta ner den varma sockerlagen i äggen i en tunn stråle. Fortsätt vispa tills blandningen är mycket lätt och fluffig och sval vid beröring, 8 till 10 minuter.

5. Använd en flexibel spatel och vänd försiktigt ner den vispade grädden i äggblandningen. Vänd försiktigt ner kaksmulorna och hackad mandel.

6. Häll blandningen i den förberedda brödformen. Täck försiktigt med plastfolie och frys i 4 timmar upp till över natten.

7. Packa upp formen. Vänd upp en serveringsfat ovanpå pannan. Håll ihop tallriken och formen, vänd dem. Lyft upp formen och ta försiktigt bort plastfolien. Strö över flingad mandel.

8. Skär i skivor och servera genast.

Florentinsk Iced Dome Cake

Zucchini

Ger 8 portioner

Inspirerad av kupolen på den magnifika Duomo, katedralen i hjärtat av Florens, är denna imponerande dessert ganska lätt att förbereda, delvis för att den använder färdig kaka.

1 (12 ounce) pund kaka

2 matskedar rom.

2 matskedar apelsinlikör

Fylld

1 pint tung eller vispgrädde

1/4 dl konditorsocker, plus mer till pålägg

1 tsk rent vaniljextrakt

4 uns halvsöt choklad, finhackad

2 msk skivad mandel, rostad och kyld

färska bär (valfritt)

1. Minst 20 minuter innan du är redo att vispa grädden, ställ en stor mixerskål och visparna från en elmixer i kylen. Klä en rund skål eller 2-liters kastrull med plastfolie. Skär kakan i skivor som inte är mer än 1/4 tum tjocka. Skär varje skiva på mitten diagonalt, gör två triangulära bitar, och arrangera dem alla på ett fat.

2. I en liten skål, kombinera rom och likör och strö blandningen över kakan. Lägg så många tårtbitar som behövs sida vid sida, tippsidan nedåt, i skålen för att bilda ett lager. Täck den återstående insidan av skålen med den återstående kakan, skär bitar för att passa efter behov. Fyll hålen med tårtbitar. Spara den återstående kakan till toppen.

3. Förbered fyllningen: ta ut skålen och blandarna från kylen. Häll grädden i skålen. Tillsätt florsockret och vaniljsockret. Vispa på hög hastighet tills krämen håller formen smidig när visparna lyfts, ca 4 minuter. Blanda försiktigt ner chokladen och mandeln.

4. Häll gräddblandningen i pannan, var noga med att inte störa kakan. Ordna de återstående tårtskivorna i ett enda lager ovanpå. Täck ordentligt med plastfolie och frys skålen i 4 timmar till över natten.

5. För att servera, ta bort plastfolien och vänd upp en serveringsfat ovanpå skålen. Håll ihop tallriken och skålen och vänd på dem. Ta upp skålen. Ta bort plastfolien och strö över strösocker. Ordna bären runt tårtan. Skär i bitar för att servera.

Honungsmascarponesås

mascarponesås

Gör 2 koppar

Servera den över färska bär ellerMarsala nötkaka.

1 1/2 kopp mascarpone

3 matskedar honung

1 1/2 tsk citronskal

1 kopp kall tjock grädde, vispad

I en stor skål, vispa mascarpone, honung och citronskal tills det är slätt. Tillsätt den vispade grädden. Servera omedelbart.

Färsk Färsk Sås

Fragole Salsina

Gör 1 1/2 koppar

Hallon kan också tillagas på detta sätt. Om du använder hallon, sila såsen för att ta bort fröna.

1 liter färska jordgubbar, sköljda och skalade

3 matskedar socker eller efter smak

1 1/4 kopp färsk apelsinjuice

2 msk apelsinlikör, svartvinbärslikör eller ljus rom

Blanda alla ingredienser i en matberedare eller mixer. Reducera till en slät puré. Servera eller överför till en lufttät behållare och förvara i kylen i upp till 24 timmar.

Varm röd fruktsås

Salsina Calda di Frutti di Bosco

Gör ca 2 1/2 koppar

Den här såsen passar utmärkt till citron-, mascarpone-, kanel- eller "gräddglassar" eller en enkel tårta.

4 koppar blandade färska bär, såsom blåbär, jordgubbar, hallon och björnbär

1 1/4 kopp vatten

1 1/4 kopp socker eller mer

1. Skölj bären och ta bort skalet eller stjälkarna. Skär jordgubbarna på mitten eller i fjärdedelar om de är stora.

2. I en medelstor kastrull, kombinera bär, vatten och socker. Koka upp på medelvärme. Koka, rör om då och då, tills bären är jämna och safterna tjocknat något, cirka 5 minuter. Smaka av och tillsätt eventuellt mer socker. Ta bort från värmen och låt svalna något. Servera eller överför

till en lufttät behållare och förvara i kylen i upp till 24 timmar.

Hallonsås året runt

Lampone sås

Gör ca 2 koppar

Även när bären inte är i säsong kan du fortfarande göra en läcker, fräsch dopp. Smaken och färgen på hallon passar särskilt bra till desserter och kakor med mandel och choklad. För en enkel men vacker efterrätt, ringla även denna sås och några färska bär över tunna skivor melon.

Såsen kan också göras med frysta blåbär eller jordgubbar eller en kombination av bär. Om du inte hittar bär i sirap, använd osötad frukt och tillsätt socker efter smak.

2 paket (10 uns) frysta hallon i sirap, delvis tinade

1 tsk majsstärkelse blandat med 2 msk vatten

Ca 1 tsk färsk citronsaft

1. Passera bären genom en hackare försedd med ett fint blad, eller puré i en matberedare och tryck igenom en finmaskig sil.

2. Koka upp purén i en liten kastrull. Tillsätt majsstärkelseblandningen och koka, rör om ofta, tills det tjocknat något, cirka 1 minut. Tillsätt citronsaften. Låt svalna något. Servera eller överför till en lufttät behållare och förvara i kylen i upp till 3 dagar.

varm choklad

Cioccolato calda sås

Gör ca 1½ kopp

Espresson intensifierar chokladsmaken i denna läckra sås, men du kan utelämna den om du föredrar det. Servera med glass, semifreddo eller vanliga kakor; Det går med en mängd olika desserter.

8 uns bittersöt eller halvsöt choklad, hackad

1 kopp tung grädde

> Lägg chokladen och grädden över en dubbelpanna eller i en värmesäker skål över en kastrull med kokande vatten. Låt stå tills chokladen mjuknat. Rör om tills det är slätt. Servera varm eller överför till en lufttät behållare och förvara i kylen i upp till 3 dagar. Värm upp försiktigt.
>
> **Varm mockasås:** Tillsätt 1 tesked instant espressopulver med chokladen.

kattens tunga

savoiardi

gör 4 dussin

Dessa lätta, knapriga kakor, kallade Savoiardi, är uppkallade efter kungahuset Savoy som styrde regionen Piemonte från 1400-talet och hela Italien från 1861 till andra världskriget. De gör perfekta tekakor och ser bra ut med glass eller frukt, men kan också användas i blandade desserter som tiramisu.

Potatisstärkelse används för att göra kakorna krispiga och lätta. Du kan hitta potatisstärkelse i många stormarknader eller så kan du ersätta majsstärkelse.

4 stora ägg, i rumstemperatur

2/3 kopp socker

2 teskedar rent vaniljextrakt

1 1/2 kopp universalmjöl

1 1/4 kopp potatisstärkelse

Nypa salt

1. Värm ugnen till 400 ° F. Smörj och mjöla 3 stora bakplåtar.

2. Separera äggen. I en stor skål, med hjälp av en elektrisk mixer på medelhastighet, vispa äggulorna med 1/3 kopp socker och vaniljen tills det blir tjockt och ljusgult, cirka 7 minuter.

3. I en stor, ren skål med rena vispar, vispa vitorna med en nypa salt på låg hastighet tills det skummar. Öka hastigheten till högt och tillsätt gradvis den återstående 1/3 kopp sockret. Vispa tills äggvitan håller mjuka toppar när visparna lyfts, ca 5 minuter.

4. Använd en gummispatel och vänd ner cirka 1/3 av äggvitorna i äggulorna för att späda ut dem. Tillsätt gradvis resten av vitorna.

5. Lägg mjölet och stärkelsen i en liten finmaskig sil. Skaka silen över äggen och rör försiktigt men försiktigt ner de torra ingredienserna.

6. Häll smeten i en stor spritspåse med 1/2-tums spets eller en kraftig plastpåse med ett avskuret hörn. (Fyll inte påsen mer än halvvägs.) Häll degen på bakplåtar och forma 3 1-tums stockar med cirka 1 tums mellanrum.

7. Förbered flera trådkylningsställ. Grädda kakorna i 10 till 12 minuter, eller tills de är gyllenbruna och fasta när de rörs lätt i mitten.

8. Överför bakplåtar till kylande galler. Kyl kakorna 2 minuter på plåtar och överför sedan till galler för att svalna helt. Förvara i en lufttät behållare i rumstemperatur i upp till 2 veckor.

Semolinkex

canestrelli

Gör 36

Canistrelli betyder "små korgar". Krispiga och smöriga, dessa liguriska kex är gjorda av mannagryn, vilket ger dem en krämig färg och lätt kornig konsistens.

Semolina är blekt guld, hårt durumvete som har malts för att få en sandliknande konsistens. Semlan kan vara fin eller grov. Fin mannagryn är ofta märkt mannagryn eller pastamjöl. Det används ofta för att göra bröd, särskilt på Sicilien, och vissa typer av pasta och gnocchi, som t.ex. Romersk gnocchi med mannagryn. Havregrynsgröt kan köpas på många stormarknader, hälsokostbutiker och etniska marknader eller påpostorderkällor.

1 2/3 dl universalmjöl

1 1/2 kopp fin mannagryn

1 1/2 tsk salt

1 kopp (2 pinnar) osaltat smör, vid rumstemperatur

1 1/2 kopp florsocker

1 stort ägg

1. I en stor skål, sikta ihop mjöl, mannagryn och salt.

2. I en stor skål med en elektrisk mixer, vispa smöret på medelhastighet tills det är ljust och fluffigt, cirka 2 minuter. Tillsätt sockret och vispa tills det är väl blandat, ca 1 minut till. Vispa ägget tills det blandas.

3. Tillsätt torra ingredienser och rör på låg hastighet tills det blandas. (Blanda inte för mycket.) Samla degen till en boll och slå in i plastfolie. Kyl 1 timme upp till över natten.

4. Värm ugnen till 350 ° F. Smörj 2 stora bakplåtar.

5. På en lätt mjölad yta, använd en kavel, kavla ut degen till en 9-tums cirkel ca 1/4 tum tjock. Skär degen i 2-tums cirklar med hjälp av en kakformare eller konditorivaror. Lägg på förberedda bakplåtar med cirka 1 tums mellanrum.

6. Förbered 2 trådkylställ. Grädda i 13 minuter eller tills kakorna är lätt bruna runt kanterna.

7. Överför bakplåtar till kylande galler. Låt kakorna svalna i 5 minuter på plåtar och överför sedan till galler för att svalna helt. Förvara i en lufttät behållare i upp till 2 veckor.

Vin Santo Rings

Ciambelline al Vin Santo

gör cirka 4 dussin

Vin Santo är ett toskanskt torrt dessertvin. Den serveras vanligtvis som tillbehör till doppning av kakor, men här är det den främsta smaksättningsingrediensen i de ringformade kakorna. De är gjorda med olivolja och innehåller inga ägg eller smör. Vin santo ger kakorna en subtil vinsmak, medan konsistensen är mör och smulig. Receptet fick jag av kocken på vingården Selvapiana i Toscana.

2 1/2 dl universalmjöl

1 1/2 kopp socker

1 1/2 kopp extra virgin olivolja

1 1/2 kopp Santo vin

1. Värm ugnen till 350 ° F. Förbered 2 stora, osmorda bakplåtar.

2. Blanda mjöl och socker i en stor skål med en träslev. Tillsätt oljan och vinet och rör tills det är slätt och väl blandat. Forma degen till en boll.

3. Dela degen i 6 sektioner. Skär en del i 8 bitar. Rulla varje bit mellan handflatorna till en 4×1/2-tums stock. Forma stocken till en ring, nyp ihop kanterna för att täta. Upprepa med återstående deg, placera ringar 1 tum från varandra på bakplåtar.

4. Förbered 2 trådkylställ. Grädda ringarna i 20 minuter eller tills de är gyllenbruna.

5. Överför bakplåtarna till gallren. Låt kakorna svalna i 5 minuter på plåtar och överför sedan till galler för att svalna helt. Förvara i en lufttät behållare i upp till 2 veckor.

Marsala kakor

Marsala kakor

gör 4 dussin

Den varma, soliga smaken av Marsala förhöjer dessa sicilianska kakor. Du kan använda torr eller söt Marsala. Se till att servera dem med ett glas av samma vin. De liknar Vin Santo-ringarna till vänster, även om konsistensen är lättare och krispigare på grund av äggen och bakpulvret, och de är glaserade med socker.

2 1/2 dl universalmjöl

2 teskedar bakpulver

1 tesked salt

1 kopp socker

1 1/2 kopp torr eller söt Marsala

2 stora ägg

1 1/4 kopp extra virgin olivolja

1 tsk rent vaniljextrakt

1. Värm ugnen till 375 ° F. Smörj 2 stora bakplåtar.

2. I en stor skål, sikta ihop mjöl, bakpulver och salt. Häll 1/2 kopp socker i en liten skål och 1/4 kopp Marsala i en annan.

3. Vispa ägg och återstående 1/2 kopp socker i en stor skål tills det är väl blandat. Vispa ihop resterande 1/4 kopp Marsala, olja och vaniljextrakt. Tillsätt de torra ingredienserna med en träslev. Knåda kort tills den är väl blandad och forma degen till en boll.

4. Dela degen i 6 sektioner. Skär en del i 8 bitar. Rulla varje bit mellan handflatorna till en 4×1/2-tums stock. Forma stocken till en ring, nyp ihop kanterna för att täta. Upprepa med återstående deg.

5. Doppa toppen eller botten av varje ring först i vinet, sedan i sockret. Placera ringarna med sockersidan uppåt och 1 tum från varandra på de förberedda bakplåtarna. Grädda i 18 till 20 minuter, eller tills de är gyllenbruna. Förbered 2 trådkylställ.

6.Överför bakplåtarna till gallren. Låt kakorna svalna i 5 minuter på plåtar och överför sedan till galler för att svalna helt. Förvara i en lufttät behållare i upp till 2 veckor.

sesamvinskakor

Vinkakor

gör 2 dussin

Bara lite söt, med en kryddig kick av svartpeppar, dessa napolitanska kakor är fantastiska att snacka på med ett glas vin och lite ost.

2 1/2 dl universalmjöl

1 1/2 kopp socker

1 1/2 tsk bakpulver

1 tesked salt

1 tsk nymalen svartpeppar

1 1/2 dl torrt rött vin

1 1/2 kopp olivolja

1 äggvita, vispad till skum

2 matskedar sesamfrön

1. Värm ugnen till 350 ° F. Förbered 2 stora, osmorda bakplåtar.

2. I en stor skål, kombinera mjöl, socker, bakpulver, salt och peppar. Tillsätt vin och olivolja och rör om tills det är väl blandat.

3. Forma degen till en boll. Dela degen i 4 bitar. Forma varje bit till en 10-tums stock. Platta till stockarna lätt. Pensla med äggvita och strö över sesamfrön.

4. Skär stockarna i 3/4-tums bitar. Lägg bitarna en tum från varandra på bakplåtarna. Grädda i 25 minuter eller tills de fått lite färg.

5. Förbered 2 stora kylställ. Överför bakplåtarna till gallren. Låt kakorna svalna i 5 minuter på plåtar och överför sedan till galler för att svalna helt. Förvara i en lufttät behållare i upp till 2 veckor.

sesamkakor

Biscotti Regina

48 år sedan

Sicilianerna kallar dessa kakor för regina, eller "drottning", eftersom de är högt ansedda. Även om de ser enkla nog ut, är deras rostade sesamsmak beroendeframkallande. Det ena leder alltid till det andra.

Leta efter färska sesamfrön utan skal på etniska marknader och hälsokostbutiker. Dessa kex gjordes ursprungligen med ister. Dagens sicilianska kockar använder ofta margarin, men jag föredrar en kombination av smör för smak och matfett för sötning.

4 koppar universalmjöl

1 kopp socker

1 matsked bakpulver

1 tesked salt

1 1/2 kopp (1 pinne) osaltat smör, vid rumstemperatur

1 1/2 kopp fast grönsaksfett

2 stora ägg, i rumstemperatur

1 tsk rent vaniljextrakt

1 tsk citronskal

2 dl oskalade sesamfrön

1 1/2 kopp mjölk

1. Värm ugnen till 375 ° F. Smörj och mjöla två stora bakplåtar eller klä dem med bakplåtspapper.

2. I en stor skål med en elektrisk mixer, kombinera mjöl, socker, bakpulver och salt. På låg hastighet, tillsätt smör och matfett lite i taget tills blandningen liknar grova smulor.

3. Vispa ägg, vanilj och citronskal i en medelstor skål. Rör äggblandningen i torra ingredienser tills den är slät och väl

blandad, cirka 2 minuter. Täck degen med plastfolie och ställ i kylen i 1 timme.

4. Bred ut sesamfröna på en bit vaxat papper. Lägg mjölken i en liten skål bredvid sesamfröna.

5. Ta ut degen ur kylen. Ta en del av degen i storleken golfbollar och forma den till en stock 2 1/2 tum lång och 3/4 tum bred. Doppa stocken i mjölken och rulla den sedan med sesamfröna. Lägg stocken på bakplåten och platta till den något med fingrarna. Fortsätt med resten av degen, placera stockarna en tum från varandra.

6. Grädda i 25 till 30 minuter eller tills de är gyllenbruna. Förbered 2 stora kylställ.

7. Överför bakplåtarna till gallren. Låt kakorna svalna i 5 minuter på plåtar och överför sedan till galler för att svalna helt. Förvara i en lufttät behållare i upp till 2 veckor.

anis kakor

Anices kakor

Det finns cirka 3 dussin

Anis, en medlem av samma växtfamilj som fänkål, kummin och dill, anses vara ett matsmältningshjälpmedel. I södra Italien används anisfrön för att smaksätta likörer efter middagen som Sambuca och anis, vilket ger dessa kakor sin distinkta lakritssmak. För en starkare smak, tillsätt en tesked anis till degen innan du lagar mat.

2 stora ägg, i rumstemperatur

1 msk anislikör eller anisextrakt

1 1/2 kopp socker

1 kopp universalmjöl

2 matskedar majsstärkelse

1 tsk bakpulver

1. Sätt ett galler i mitten av ugnen. Värm ugnen till 350 ° F. Smörj en 9-tums fyrkantig panna. Klä botten av pannan med vaxat papper. Smöra och mjöla papperet. Ta bort överflödigt mjöl.

2. Blanda ägg, likör och socker i en stor skål med en elektrisk mixer. Börja vispa äggen på låg hastighet, öka gradvis hastigheten till hög. Fortsätt vispa äggen tills de är mycket lätta och fluffiga och tredubblar i volym, cirka 5 minuter.

3. Lägg mjöl, maizena och bakpulver i en fin sil. Snurra silen över äggblandningen, blanda gradvis in de torra ingredienserna med en gummispatel. Var noga med att inte tömma äggen.

4. Häll smeten i den förberedda pannan och jämna till toppen. Grädda i 20 till 25 minuter, eller tills den precis stelnat när den vidrörs lätt i mitten och är gyllenbrun. Förbered en stor bakplåt och ett stort kylställ.

5. Ta ut formen från ugnen, men låt ugnen vara påslagen. Kör en liten kniv runt kanterna på formen. Vänd upp kakan på en skärbräda.

6. Öka ugnstemperaturen till 375 ° F. Använd en lång tandad kniv och skär pajen i 3-tums remsor. Skär varje remsa på tvären i 3/4-tums tjocka skivor. Ordna skivor i ett enda lager på en stor bakplåt. Koka skivorna i 7 minuter eller tills de är rostade och gyllene.

7. Ta ut kakorna från ugnen och överför dem till galler för att svalna. Förvara i en tätt täckt behållare i upp till 2 veckor.

bakad lök

Cipolle al Forno

Gör 4 till 8 portioner

Dessa lökar blir mjuka och söta när de tillagas; prova dem med rostbiff.

4 medelstora vita eller röda lökar, skalade

1/2 dl torrt ströbröd

1/4 dl nyriven Parmigiano-Reggiano eller Pecorino Romano

2 matskedar olivolja

Salt och nymalen svartpeppar

1. Koka upp en medelstor kastrull med vatten. Tillsätt löken och sänk värmen för att få vattnet att koka upp. Koka i 5 minuter. Låt löken svalna i vattnet i pannan. Låt löken rinna av och skär dem på mitten på tvären.

2. Sätt ett galler i mitten av ugnen. Värm ugnen till 350 ° F. Smörj en bakplåt som är tillräckligt stor för att hålla löken i

ett enda lager. Lägg löken i pannan med den skurna sidan uppåt. I en liten skål, kombinera ströbröd, ost, olivolja, salt och peppar efter smak. Lägg ströbrödet på löken.

3. Grädda i 1 timme eller tills löken är gyllene och mjuk när den stickas igenom med en kniv. Servera varm eller i rumstemperatur.

Lök med balsamvinäger

Balsamico cipolle

Ger 6 portioner

Balsamvinäger kompletterar den söta smaken och färgen på rödlöken. De passar bra med stekt fläsk eller fläskkotletter.

6 medelstora rödlökar

6 matskedar extra virgin olivolja

3 matskedar balsamvinäger

Salt och nymalen svartpeppar

1. Sätt ett galler i mitten av ugnen. Värm ugnen till 375 ° F. Klä en bakplåt med folie.

2. Tvätta löken, men skala dem inte. Lägg löken i den förberedda pannan. Koka löken i 1 till 1 1/2 timme, tills de är precis mjuka när de sticks igenom med en kniv.

3. Skär rötterna på löken och ta bort skalet. Skär löken i fjärdedelar och lägg dem i en skål. Tillsätt olja, vinäger, salt

och peppar efter smak och rör om. Servera varm eller i rumstemperatur.

Rödlök Confitering

Confettura di Cipolle Rosse

Gör ca 1 pint

Tropea, på den kalabriska kusten, är känd för sin söta rödlök. Även om rödlök i USA är kryddigare kan du fortfarande göra denna läckra sylt som vi åt på Locanda di Alia i Castrovillari. Sylten serverades med stekta gyllene sardiner, men den är också god till grillad kyckling eller fläskkotletter. Jag gillar det också som en krydda med en kryddig ost, som lagrad pecorino.

En variant av sylten inkluderar hackad färsk mynta. Se till att använda en tjockbottnad panna och håll värmen väldigt låg så att löken inte fastnar. Tillsätt lite vatten om de torkar för snabbt.

1 1/4 pund rödlök, finhackad

1 dl torrt rött vin

1 tesked salt

2 msk osaltat smör

1 msk balsamvinäger

1 eller 2 matskedar honung

Ca 1 matsked socker

1. I en medeltjock kastrull, kombinera lök, rött vin och salt på medelvärme. Koka upp och minska värmen. Täck och koka, rör om ofta, i 1 timme och 15 minuter eller tills löken är mycket mjuk. Löken blir något genomskinlig.

2. Tillsätt smör, balsamvinäger och 1 msk vardera honung och socker. Koka utan lock, rör om ofta, tills all vätska har avdunstat och blandningen är mycket tjock.

3. Låt svalna något. Servera i rumstemperatur eller något varmt. Detta håller sig i upp till en månad i kylen. För att värma upp, placera konfiteringen i en liten skål över en kastrull med kokande vatten eller värm den i mikrovågsugnen.

Rostad rödbetor och löksallad

Cipolla och Barbabetola sallad

Ger 6 portioner

Om du aldrig har ätit färska säsongsbetor bör du prova dem. När de är unga och möra är de anmärkningsvärt söta och smakrika. Köp dem på sommaren och hösten när de är som bäst. När de åldras blir de träiga och smaklösa.

6 rödbetor, putsade och tvättade

2 stora lökar, skalade

6 matskedar olivolja

2 matskedar rödvinsvinäger

Salt och nymalen svartpeppar

6 färska basilikablad

1.Sätt ett galler i mitten av ugnen. Värm ugnen till 400 ° F. Skrubba rödbetorna och slå in dem i ett stort ark folie, tätt tätt. Lägg paketet på en bakplåt.

2. Skär löken i små bitar. Lägg dem i en ugnsform och släng dem med 2 matskedar olivolja.

3. Placera bunten med rödbetor och pannan med lök sida vid sida i ugnen. Grädda 1 timme eller tills rödbetor är mjuka när de sticks igenom med en kniv och löken är gyllene.

4. Låt rödbetorna svalna. Skala skalet och skär rödbetan i fjärdedelar.

5. I en stor skål, släng rödbetor och lök med 1/4 kopp olivolja, vinäger och salt och peppar efter smak. Strö över basilika och servera genast.

Pärllök med honung och apelsin

Cipolline Parfum all'Arancia

Ger 8 portioner

Sötsyrlig pärllök smaksatt med honung, apelsin och vinäger är gott till en festlig kalkon eller kapong, stekt fläsk, eller som förrätt med skivor salumi. Du kan göra dessa i förväg, men de ska vara något värmda innan servering.

2 pund pärllök

1 navel orange

2 msk osaltat smör

1 1/4 kopp honung

1 1/4 kopp vitvinsvinäger

Salt och nymalen svartpeppar

1. Koka upp en stor kastrull med vatten. Tillsätt löken och koka i 3 minuter. Häll av och kyl under rinnande vatten. Använd en vass skalkniv, raka ändarna på rötterna. Skär

inte ändarna för djupt, då faller löken isär under tillagningen. Ta bort skinnen.

2. Ta bort apelsinskalet med en grönsaksskalare med ett roterande blad. Stapla skalremsorna och skär dem i tunna stavar. Pressa saften från apelsinen. Lämna dessutom.

3. Smält smöret på medelvärme i en stor stekpanna. Tillsätt löken och koka i 30 minuter eller tills de fått lite färg, skaka pannan då och då så att de inte fastnar.

4. Tillsätt apelsinjuice, skal, honung, vinäger, salt och peppar efter smak. Sänk värmen till låg och koka i 10 minuter, vänd löken ofta, tills de precis är mjuka när de sticks igenom med en kniv och täck med såsen. Låt svalna något. Servera varm.

Ärtor med lök

Piselli med Cipolle

Ger 4 portioner

Lite vatten som tillsätts i pannan hjälper löken att mjukna och mjukna utan att bryna. Lökens sötma förhöjer ärtornas smak.

2 matskedar olivolja

1 medelstor lök, finhackad

4 matskedar vatten

2 koppar färska skalade ärtor eller 1 paket (10 uns) frysta ärtor

nypa torkad oregano

Salt

1. Häll olja i en medelstor kastrull. Tillsätt löken och 2 matskedar vatten. Koka, rör om ofta, tills löken är mycket mjuk, cirka 15 minuter.

2. Tillsätt ärtorna, resterande 2 msk vatten, oregano och salt. Täck över och koka tills ärtorna är mjuka, 5 till 10 minuter.

Ärtor med prosciutto och salladslök

Piselli al Prosciutto

Ger 4 portioner

Dessa ärter är goda till lammkotletter eller lammstek.

3 matskedar osaltat smör

4 salladslökar, putsade och tunt skivade

2 koppar färska skalade ärtor eller 1 paket (10 uns) frysta ärtor

1 tsk socker

Salt

4 tunna skivor importerad italiensk prosciutto, skuren på tvären i tunna strimlor

1.Smält 2 msk smör i en medelstor stekpanna. Tillsätt salladslök och koka 1 minut.

2. Tillsätt ärtor, socker och salt efter smak. Tillsätt 2 matskedar vatten och täck pannan. Sjud tills ärtorna är mjuka, 5 till 10 minuter.

3. Tillsätt prosciutton och resterande matsked smör. Koka 1 minut till och servera varm.

Söta ärtor med sallad och mynta

Mint piselli

Ger 4 portioner

Även frysta ärtor smakar nyplockade när de tillagas på detta sätt. Salladen ger en lätt crunch och myntan ger en fräsch, ljus smak.

2 msk osaltat smör

1/4 dl lök, mycket finhackad

2 koppar färska skalade ärtor eller 1 paket (10 uns) frysta ärtor

1 kopp strimlade salladsblad

12 myntablad, skurna i bitar

Salt och nymalen svartpeppar

1. Smält smöret på medelvärme i en medelstor kastrull. Tillsätt löken och stek tills den är mjuk och gyllene, cirka 10 minuter.

2.Tillsätt snöärter, sallad, myntablad, salt och peppar efter smak. Tillsätt 2 matskedar vatten och täck pannan. Koka i 5 till 10 minuter eller tills ärtorna är mjuka. Servera varm.

Påsk ärtsallad

påsksallad

Ger 4 portioner

På 1950-talet ansågs Romeo Salta vara en av de bästa italienska restaurangerna i New York. Den stack ut eftersom den var väldigt snygg och serverade norditaliensk mat i en tid då de flesta bara kände till familjerestauranger som serverade söderns röda såsrätter. Ägaren Romeo Salta hade lärt sig restaurangbranschen som arbetar på lyxkryssningsfartyg, på den tiden den bästa utbildningsplatsen för cateringpersonal. Den här salladen dök upp på menyn runt påsk, då det blev gott om färska ärtor. Originalreceptet innehöll också ansjovis, även om jag föredrar salladen utan dem. Ibland lägger jag till hackad schweizerost eller liknande ost tillsammans med prosciutton.

2 1/2 koppar färska skalade ärtor eller 1 paket (10 ounces) frysta ärtor

Salt

1 kokt äggula

1 1/4 kopp olivolja

1 1/4 kopp citronsaft

nymalen svartpeppar

2 uns skivad importerad italiensk prosciutto, skuren på tvären i smala remsor

1. För färska eller frysta ärtor, koka upp en medelstor kastrull med vatten. Tillsätt ärtorna och saltet efter smak. Koka tills ärtorna är precis mjuka, ca 3 minuter. Häll av ärtorna. Låt dem svalna under kallt rinnande vatten. Torka ärtorna.

2. Mosa äggulan med en gaffel i en serveringsskål. Vispa ihop olja, citronsaft, salt och peppar efter smak. Tillsätt ärtorna och rör om försiktigt. Lägg i prosciutto-remsorna och servera genast.

rostad paprika

Peperoni Arrostiti

Ger 8 portioner

Rostad paprika är gott i sallader, omeletter och smörgåsar. De fryser också bra, så du kan göra en sats på sommaren när det är gott om paprika och spara dem till vintermåltider.

8 stora röda, gula eller gröna paprikor

1. Täck långpannan med folie. Placera stekpannan cirka 3 tum från värmekällan. Lägg hela paprika i pannan. Sätt på grillen till högt. Grilla paprikan, vänd ofta med tång, cirka 15 minuter eller tills skalet är blåsigt och förkolnat överallt. Lägg paprikorna i en skål. Täck med aluminiumfolie och låt svalna.

2. Skär paprikan på mitten, häll av saften i en skål. Skala skinnet och kassera frön och stjälkar.

3. Skär paprikorna på längden i 1-tums remsor och lägg dem i en serveringsskål. Sila saften över paprikan.

4. Servera i rumstemperatur eller förvara i kylen och servera kall. Paprika håller sig i 3 dagar i kylen eller 3 månader i frysen.

Rostad pepparsallad

Insalata di Peperoni Arrostiti

Ger 8 portioner

Servera dessa paprika som en del av ett antipastosortiment, som en sida med grillad tonfisk eller fläsk, eller som en antipasto med skivad färsk mozzarella.

1 recept (8 paprika)rostad paprika

1/3 kopp extra virgin olivolja

4 basilikablad, skurna i bitar

2 vitlöksklyftor, tunt skivade

Salt och nymalen svartpeppar

Förbered paprikan ev. Blanda paprikan med olja, basilika, vitlök, salt och peppar efter smak. Låt vila i 1 timme innan servering.

Rostad paprika med lök och örter

Peperoni Arrostiti med Cipolle

Ger 4 portioner

Servera dessa paprikor varma eller i rumstemperatur. De är också en bra topping för crostini.

1/2 receptrostad paprika; använd röd eller gul paprika

1 medelstor lök, halverad och tunt skivad

Nypa krossad röd paprika

2 matskedar olivolja

Salt

1 1/2 tsk torkad oregano, smulad

2 msk hackad färsk persilja

1. Förbered paprikorna i steg 3, om det behövs. Dränera sedan paprikorna och skär dem på längden i 1/2-tums remsor.

2. I en medelstor stekpanna, fräs lök med krossad röd paprika i olja på medelvärme tills löken är mjuk och gyllene, cirka 10 minuter. Tillsätt paprika, oregano och salt efter smak. Koka, rör om då och då, tills den är genomvärmd, cirka 5 minuter. Tillsätt persiljan och koka 1 minut till. Servera varm eller i rumstemperatur.

Bakad paprika med tomater

Bakad pepperoni

Ger 4 portioner

I detta recept från Abruzzo smaksätter en fräsch, inte alltför kryddig paprika paprikan. Krossad röd paprika eller en liten torkad chilipeppar kan ersättas. Dessa paprika är goda på en macka.

2 stora röda paprika

2 stora gula paprikor

1 chilipeppar, som jalapeno, kärnade och hackad

3 matskedar olivolja

Salt

2 vitlöksklyftor, hackade

2 medelstora tomater, skalade, kärnade och hackade

1. Sätt ett galler i mitten av ugnen. Värm ugnen till 400 ° F. Smörj en stor bakplåt. Lägg paprikorna på en skärbräda. Håll stammen i ena handen och placera kanten på en stor, tung kockkniv precis utanför kanten på locket. Minska. Vrid paprikan 90° och skär den igen. Upprepa, vänd och skär av de två återstående sidorna. Släng hjärtat, fröna och stjälken, som kommer att vara i ett stycke. Skär hinnorna och skrapa ur fröna.

2. Skär paprika på längden i 1-tums remsor. Tillsätt chilipeppar i pannan. Tillsätt olja och salt efter smak och blanda väl. Fördela paprikan i fatet.

3. Koka paprikan i 25 minuter. Tillsätt vitlök och tomater och blanda väl. Koka ytterligare 20 minuter eller tills paprikorna är mjuka när de sticks igenom med en kniv. Servera varm.

Paprika med balsamvinäger

Balsamico pepperoni

Ger 6 portioner

Sötman i balsamvinägern kompletterar paprikans sötma. Servera varm till fläsk- eller lammkotletter eller i rumstemperatur till kall kyckling eller stekt fläsk.

6 stora röda paprikor

1 1/4 kopp olivolja

Salt och nymalen svartpeppar

2 matskedar balsamvinäger

1. Sätt ett galler i mitten av ugnen. Värm ugnen till 400 ° F. Placera paprika på en skärbräda. Håll stammen i ena handen och placera kanten på en stor, tung kockkniv precis utanför kanten på locket. Minska. Vrid paprikan 90° och skär den igen. Upprepa, vänd och skär av de två återstående sidorna. Släng hjärtat, fröna och stjälken, som

kommer att vara i ett stycke. Skär hinnorna och skrapa ur fröna.

2. Skär paprikorna i 1-tums remsor. Lägg dem i en stor ytlig långpanna med olja, salt och peppar. Blanda väl. Koka paprikan i 30 minuter.

3. Tillsätt vinägern. Koka paprikan i 20 minuter till eller tills de är mjuka. Servera varm eller i rumstemperatur.

Marinerad paprika

Pepperoni Sott'Aceto

Gör 2 pints

Färgglad inlagd paprika är jättegod på smörgåsar eller till pålägg. Dessa kan användas för att göraMolise stil pepparsås.

2 stora röda paprika

2 stora gula paprikor

Salt

2 koppar vitvinsvinäger

2 koppar vatten

Nypa krossad röd paprika

1. Lägg paprikorna på en skärbräda. Håll stammen i ena handen och placera kanten på en stor, tung kockkniv precis utanför kanten på locket. Minska. Vrid paprikan 90° och skär den igen. Upprepa, vänd och skär av de två återstående sidorna. Släng hjärtat, fröna och stjälken, som

kommer att vara i ett stycke. Skär hinnorna och skrapa ur fröna. Skär paprika på längden i 1-tums remsor. Lägg paprikorna i ett durkslag på en tallrik och strö över salt. Låt rinna av i 1 timme.

2. I en icke-reaktiv kastrull, kombinera vinäger, vatten och krossad röd paprika. Koka upp. Ta bort från värmen och låt svalna något.

3. Skölj paprikan under kallt vatten och klappa dem torra. Packa paprikan i 2 steriliserade burkar. Häll i den kylda vinägerblandningen och förslut. Låt stå på en sval, mörk plats i 1 vecka innan användning.

Paprika med mandel

Pepperoni alla Mandorle

Ger 4 portioner

En gammal vän till min mamma vars familj kom från Ischia, en liten ö i Neapelbukten, gav henne detta recept. Hon gillade att servera den till lunch på skivor av italienskt bröd stekt i olivolja tills de var gyllenbruna.

2 röda och 2 gula paprikor

1 vitlöksklyfta, lätt krossad

3 matskedar olivolja

2 medelstora tomater, skalade, kärnade och hackade

1 1/4 kopp vatten

2 matskedar kapris

4 ansjovisfiléer, hackade

4 uns rostade mandlar, grovt hackad

1. Lägg paprikorna på en skärbräda. Håll stammen i ena handen och placera kanten på en stor, tung kockkniv precis utanför kanten på locket. Minska. Vrid paprikan 90° och skär den igen. Upprepa, vänd och skär av de två återstående sidorna. Släng hjärtat, fröna och stjälken, som kommer att vara i ett stycke. Skär hinnorna och skrapa ur fröna.

2. Bryn vitlöken med oljan på medelvärme i en stor stekpanna, pressa vitlöken en eller två gånger med baksidan av en sked. När den är lätt brynt, ca 4 minuter, häll i vitlöken.

3. Tillsätt paprikan i pannan. Koka, rör om ofta, tills den mjuknat, cirka 15 minuter.

4. Tillsätt tomaterna och vattnet. Koka tills såsen tjocknar, ca 15 minuter till.

5. Tillsätt kapris, ansjovis och mandel. Prova salt. Koka ytterligare 2 minuter. Låt svalna något innan servering.

Tomat och lök paprika

peperonata

Ger 4 portioner

Varje region verkar ha sin version av peperonata. Vissa lägger till kapris, oliver, örter eller ansjovis. Servera den som tillbehör eller som sås till stekt fläsk eller grillad fisk.

4 röda eller gula paprikor (eller en blandning)

2 medelstora lökar, tunt skivade

3 matskedar olivolja

3 stora tomater, skalade, kärnade och grovt hackade

1 vitlöksklyfta, finhackad

Salt

1. Lägg paprikorna på en skärbräda. Håll stammen i ena handen och placera kanten på en stor, tung kockkniv precis utanför kanten på locket. Minska. Vrid paprikan 90° och skär den igen. Upprepa, vänd och skär av de två

återstående sidorna. Släng hjärtat, fröna och stjälken, som kommer att vara i ett stycke. Skär hinnorna och skrapa ur fröna. Skär paprikorna i 1/4-tums remsor.

2. I en stor stekpanna på medelvärme, koka löken i olivolja tills den är mjuk och gyllene, cirka 10 minuter. Lägg i pepparstrimlorna och koka ytterligare 10 minuter.

3. Tillsätt tomater, vitlök och salt efter smak. Täck över och koka i 20 minuter eller tills paprikorna är mjuka när de sticks igenom med en kniv. Om det finns mycket vätska kvar, avtäck och koka tills såsen tjocknar och minskar. Servera varm eller i rumstemperatur.

Fulla burkar

Pepperoni Ripieni

Gör 4 till 8 portioner

Min mormor gjorde alltid dessa paprika på sommaren. Jag lagade dem i en stor svart stekpanna på morgonen, och vid lunchtid hade de precis rätt temperatur att servera med smörgåsbröd.

1 1/4 dl torra, naturliga brödsmulor gjorda av italienskt eller franskt bröd

1/3 kopp nyriven Pecorino Romano eller Parmigiano-Reggiano

1 1/4 kopp hackad färsk persilja

1 vitlöksklyfta, finhackad

Salt och nymalen svartpeppar

Ca 1/2 dl olivolja

8 långa ljusgröna italienska paprikor för stekning

3 koppar skalade, kärnade och tärnade färska tomater eller 1 (28 ounce) krossade tomater

6 färska basilikablad, skurna i bitar

1. I en skål, kombinera ströbröd, ost, persilja, vitlök, salt och peppar efter smak. Tillsätt 3 matskedar olja, eller tillräckligt för att jämnt fukta ströbrödet.

2. Skär bort toppen av paprikan och ta bort kärnorna. Häll ströbrödsblandningen över paprikan, lämna cirka 1 tum av utrymme på toppen. Överfulla inte paprikorna, annars spills fyllningen under tillagningen.

3. I en stor stekpanna, värm 1/4 kopp olja på medelvärme tills en bit paprika fräser i pannan. Tillsätt försiktigt paprikan med en tång. Koka, vänd då och då med en tång, tills de är gyllenbruna på alla sidor, cirka 20 minuter.

4. Fördela tomater, basilika, salt och peppar efter smak runt paprikan. Koka upp. Täck över och koka, vänd paprikorna en eller två gånger tills de är mycket mjuka, cirka 15 minuter. Om såsen är för torr, tillsätt lite vatten. Avtäck och

koka tills såsen är tjock, ca 5 minuter till. Servera varm eller i rumstemperatur.

Napolitansk fylld paprika

Nonnas Pepperoni

Ger 6 portioner

Om sicilianerna har otaliga sätt att tillaga auberginer, har napolitanerna samma kreativitet med paprika. Det här är ett annat typiskt napolitanskt recept som min mormor gjorde.

2 medelstora auberginer (ca 1 pund vardera)

6 stora röda, gula eller gröna paprikor, skurna i 1/2-tums remsor

1/2 kopp plus 3 matskedar olivolja

3 medelstora tomater, skalade, kärnade och hackade

3/4 dl oljetorkade, urkärnade, söta svarta oliver, som Gaeta

6 ansjovisfiléer, fint hackade

3 msk kapris, sköljda och avrunna

1 stor vitlöksklyfta, skalad och finhackad

3 msk hackad färsk persilja

nymalen svartpeppar

½ kopp plus 1 msk brödsmulor

1. Putsa auberginerna och skär dem i 3/4-tums tärningar. Lägg bitarna i ett durkslag, strö varje lager med salt. Lägg durkslaget på en plåt och låt rinna av i 1 timme. Skölj auberginema och torka dem med absorberande papper.

2. Värm 1/2 dl olja på medelvärme i en stor stekpanna. Tillsätt auberginen och koka, rör om då och då, tills de är mjuka, cirka 10 minuter.

3. Tillsätt tomater, oliver, ansjovis, kapris, vitlök, persilja och peppar efter smak. Koka upp och koka sedan i ytterligare 5 minuter. Tillsätt 1/2 dl brödsmulor och ta bort från värmen.

4. Sätt ett galler i mitten av ugnen. Värm ugnen till 450 ° F. Smörj en bakplåt som är tillräckligt stor för att hålla paprikorna upprätt.

5. Skär stjälkarna på paprikan och ta bort frön och vita hinnor. Fyll paprikan med aubergineblandningen. Lägg

paprikan i den förberedda pannan. Strö över resterande 1 msk ströbröd och ringla över de återstående 3 msk olja.

6. Häll 1 dl vatten runt paprikan. Grädda i 1 timme och 15 minuter eller tills paprikorna är mycket möra och lätt brynt. Servera varm eller i rumstemperatur.

Fyllda paprika i Ada Boni-stil

Pepperoni Ripieni alla Ada Boni

Gör 4 till 8 portioner

Ada Boni var en berömd italiensk matskribent och författare till många kokböcker. Hans italienska regionala kök är en klassiker och en av de första böckerna i ämnet som översatts till engelska. Detta recept är anpassat från kapitlet Sicilien.

4 medelstora röda eller gula paprikor

1 kopp rostade ströbröd

4 matskedar russin

1 1/2 kopp urkärnade, urkärnade, söta svarta oliver

6 hackade ansjovisfiléer

2 msk hackad färsk basilika

2 msk kapris, sköljda, avrunna och hackade

1/4 kopp plus 2 msk olivolja

1 koppSiciliansk tomatsås

1. Sätt ett galler i mitten av ugnen. Värm ugnen till 375 ° F. Smörj en 13×9×2-tums bakform.

2. Använd en stor, tung kockkniv och skär paprikan på mitten på längden. Skär bort stjälkar, frön och vita hinnor.

3. I en stor skål, kombinera ströbröd, russin, oliver, ansjovis, basilika, kapris och 1/4 kopp olja. Smaka av och justera krydda. (Saltet är förmodligen onödigt.)

4. Häll blandningen i paprikahalvorna. Täck med såsen. Grädda i 50 minuter eller tills paprikorna är väldigt mjuka när de sticks igenom med en kniv. Servera varm eller i rumstemperatur.

Stekt paprika

Pepperoni Fritti

Gör 6 till 8 portioner

Krispigt och sött, det är svårt att motstå. Servera dem med en tortilla eller till valfritt tillagat kött.

4 stora röda eller gula paprikor

1 1/2 kopp universalmjöl

Salt

1. Lägg paprikorna på en skärbräda. Håll stammen i ena handen och placera kanten på en stor, tung kockkniv precis utanför kanten på locket. Minska. Vrid paprikan 90° och skär den igen. Upprepa, vänd och skär av de två återstående sidorna. Släng hjärtat, fröna och stjälken, som kommer att vara i ett stycke. Skär hinnorna och skrapa ur fröna. Skär paprikorna i 1/4-tums remsor.

2. Värm cirka 2 tum olja i en djup kastrull tills temperaturen når 375 ° F på en friteringstermometer.

3. Klä en bricka med hushållspapper. Lägg mjölet i en grund skål. Rulla paprikaremsorna i mjölet, skaka av överskottet.

4. Tillsätt pepparstrimlorna i den heta oljan lite i taget. Stek tills de är gyllene och mjuka, cirka 4 minuter. Låt rinna av på hushållspapper. Stek resten i omgångar, på samma sätt. Strö över salt och servera genast.

Sauterad paprika med zucchini och mynta

Pepperoni och zucchini med Padella

Ger 6 portioner

Ju längre den sitter, desto bättre smakar den, så förbered den tidigt på dagen för att servera till en senare måltid.

1 röd paprika

1 gul paprika

2 matskedar olivolja

4 små zucchini, skurna i 1/4-tums skivor

Salt

2 matskedar vitvinsvinäger

2 vitlöksklyftor, mycket fint hackade

2 msk hackad färsk mynta

1 1/2 tsk torkad oregano

Nypa krossad röd paprika

1. Lägg paprikorna på en skärbräda. Håll stammen i ena handen och placera kanten på en stor, tung kockkniv precis utanför kanten på locket. Minska. Vrid paprikan 90° och skär den igen. Upprepa, vänd och skär av de två återstående sidorna. Släng hjärtat, fröna och stjälken, som kommer att vara i ett stycke. Skär hinnorna och skrapa ur fröna. Skär paprikorna i 1-tums remsor.

2. Värm oljan på medelvärme i en stor stekpanna. Tillsätt paprikan och koka under omrörning i 10 minuter.

3. Tillsätt zucchinin och salt efter smak. Koka, rör om ofta, tills zucchinin är mjuk, cirka 15 minuter.

4. Medan grönsakerna kokar, i en medelstor skål, vispa ihop vinäger, vitlök, örter, rödpeppar och salt efter smak.

5. Tillsätt paprikan och zucchinin. Låt stå tills grönsakerna är i rumstemperatur. Smaka av och justera krydda.

Grillad peppar och aubergineterrin

Format av Pepperoni och Melanzane

Ger 8 till 12 portioner

Detta är en ovanlig och vacker terrin av paprika i lager, aubergine och smakämnen. Pepparsaften gelar något efter kylning och håller ihop terrinen. Servera den som förrätt eller tillbehör till grillat kött.

4 storaröd paprika, rostade och skalade

2 stora auberginer (ca 1,5 kg vardera)

Salt

Olivolja

1 1/2 kopp hackade färska basilikablad

4 stora vitlöksklyftor, skalade, kärnade och finhackade

1 1/4 kopp rödvinsvinäger

nymalen svartpeppar

1. Förbered paprikan ev. Putsa auberginema och skiva dem på längden i 1/4-tums tjocka skivor. Lägg skivorna i ett durkslag, strö varje lager med salt. Låt sitta i minst 30 minuter.

2. Värm ugnen till 450 ° F. Pensla två stora gelatinformar med olja.

3. Skölj aubergineskivorna i kallt vatten och torka dem med hushållspapper. Ordna auberginema i formarna i ett enda lager. Pensla med olja. Koka auberginen i cirka 10 minuter, tills den fått färg på toppen. Vänd på bitarna med en tång och koka i ytterligare 10 minuter eller tills de är mjuka och lättbruna.

4. Dränera paprikorna och skär dem i 1-tums remsor.

5. Klä en 8×4×3-tums brödform med plastfolie. Lägg ett lager aubergineskivor i botten av formen, överlappa dem något. Fördela den rostade paprikan över auberginerna. Strö över basilika, vitlök, vinäger, olja, salt och peppar efter smak. Fortsätt att lägga i lager, tryck på varje lager ordentligt tills alla ingredienser är använda. Täck med plastfolie och väg

upp innehållet i en andra brödform fylld med tunga formar. Kyl i minst 24 timmar eller upp till 3 dagar.

6. För att servera, avtäck terrinen och vänd upp den på ett serveringsfat. Ta försiktigt bort plastfolien. Skär terrinen i tjocka skivor. Servera kall eller rumstemperatur.

sötsur potatis

Potatis i Agrodolce

Gör 6 till 8 portioner

Detta är en potatissallad i siciliansk stil att servera i rumstemperatur med grillade revbensspjäll, kyckling eller korv.

2 pounds all-purpose potatis, såsom Yukon Gold

1 lök

2 matskedar olivolja

1 kopp urkärnade söta svarta oliver, såsom Gaeta

2 matskedar kapris

Salt och nymalen svartpeppar

2 matskedar vitvinsvinäger

2 matskedar socker

1. Skrubba potatisen med en pensel under kallt rinnande vatten. Skala dem om du vill. Skär potatisen på mitten eller i fjärdedelar om den är stor. I en stor stekpanna, fräs löken i olja tills den är mjuk och gyllene, cirka 10 minuter.

2. Tillsätt potatis, oliver, kapris, salt och peppar efter smak. Tillsätt 1 dl vatten och låt koka upp. Koka i 15 minuter.

3. Kombinera ättika och socker i en liten skål och lägg i kastrullen. Fortsätt koka tills potatisen är mjuk, ca 5 minuter. Ta bort från värmen och låt svalna helt. Servera i rumstemperatur.

Potatis med balsamvinäger

Balsamicopotatis

Ger 6 portioner

Rödlök och balsamvinäger smaksätter dessa potatisar. De är också bra i rumstemperatur.

2 pounds all-purpose potatis, såsom Yukon Gold

2 matskedar olivolja

1 stor rödlök, hackad

2 matskedar vatten

Salt och nymalen svartpeppar

2 matskedar balsamvinäger

1. Skrubba potatisen med en pensel under kallt rinnande vatten. Skala dem om du vill. Skär potatisen på mitten eller i fjärdedelar om den är stor.

2. Värm olja i en medelstor kastrull på medelvärme. Tillsätt potatis, lök, vatten, salt och peppar efter smak. Täck pannan och sänk värmen till låg. Koka 20 minuter eller tills potatisen är mjuk.

3. Öppna pannan och tillsätt vinägern. Koka tills det mesta av vätskan har avdunstat, ca 5 minuter. Servera varm eller i rumstemperatur.

Orange tonfiskspett

Spiedini di Tonno

Ger 4 portioner

Varje vår samlas sicilianska fiskare för mattanza, tonfiskslakten. Detta rituella fiskemaraton involverar många små båtar fulla av män som vallar migrerande tonfisk i en serie av mindre och mindre nät tills de blir fångade. De enorma fiskarna dödas sedan och förs ombord på fartyg. Processen är mödosam, och medan männen arbetar sjunger de speciella sånger som historiker daterar till medeltiden eller ännu tidigare. Även om denna praxis håller på att dö ut, finns det fortfarande några platser längs norra och västra kusterna där mattanza äger rum.

Sicilianer har otaliga sätt att tillaga tonfisk. Med den föregår doften av grillad apelsin och örter den frestande smaken av bitar av fastkött fisk.

1 1/2 pund färsk tonfisk, svärdfisk eller laxfiléer (cirka 1 tum tjocka)

1 navel apelsin, skuren i 16 bitar

1 liten rödlök, skuren i 16 bitar

2 matskedar olivolja

2 matskedar färsk citronsaft

1 msk hackad färsk rosmarin

Salt och nymalen svartpeppar

6 till 8 lagerblad

1. Skär tonfisken i 1 1/2-tums bitar. Kombinera tonfisk, apelsin och rödlök i en stor skål med olivolja, citronsaft, rosmarin, salt och peppar efter smak.

2. Placera grillen eller gallret cirka 5 tum från värmekällan. Värm grillen eller grillen.

3. Trä omväxlande upp tonfisk, apelsinbitar, lök och lagerblad på 8 spett.

4. Grilla eller stek tills tonfisken är gyllenbrun, cirka 3 till 4 minuter. Vänd spetten och koka tills de fått färg på utsidan

men fortfarande rosa i mitten, cirka 2 minuter till, eller tills de är kokta efter smak. Servera varm.

Grillad tonfisk och paprika, Molise-stil

Tonno och Peperoni

Ger 4 portioner

Paprika och chilipeppar är ett av kännetecknen för köket i Molise-stil. Jag gjorde först den här rätten med sgombri, som liknar makrill, men jag gör den ofta med tonfisk eller svärdfiskbiffar.

4 röda eller gula paprikor

4 tonfiskbiffar (var och en ca 3/4 tum tjock)

2 matskedar olivolja

Salt och nymalen svartpeppar

1 matsked färsk citronsaft

2 msk hackad färsk persilja

1 liten jalapenopeppar eller annan färsk paprika, finhackad eller krossad röd paprika efter smak

1 vitlöksklyfta, finhackad

1. Placera grillen eller broiler pannan cirka 5 inches från värmekällan. Förbered en medelvarm värme på en grill eller förvärm grillen.

2. Grilla eller grilla paprikan, vänd ofta, tills skalet är blåsigt och lätt förkolnat, cirka 15 minuter. Lägg paprikorna i en skål och täck med folie eller matfilm.

3. Pensla tonfiskbiffar med olja, salt och peppar efter smak. Grilla eller stek fisken tills den fått färg på ena sidan, cirka 2 minuter. Vänd fisken med en tång och koka tills den fått färg på andra sidan men fortfarande rosa i mitten, ca 2 minuter till, eller tills den är klar efter smak. Testa om den är klar genom att göra ett litet snitt i den tjockaste delen av fisken.

4. Kärna ur, skala och kärna ur paprikan. Skär paprikorna i 1/2-tums remsor och lägg dem i en skål. Smaksätt med 2 msk olja, citronsaft, persilja, chilipeppar, vitlök och salt efter smak. Blanda försiktigt.

5. Skär fisken i 1/2-tums skivor. Lägg skivorna, lite överlappande dem, på ett serveringsfat. Häll paprikorna ovanpå. Servera varm.

Grillad tonfisk med citron och oregano

Tonno alla Griglia

Ger 4 portioner

Första gången jag besökte Sicilien, 1970, fanns det inte många restauranger; de som fanns verkade alla servera samma meny. Jag har tillagat tonfisk eller svärdfiskbiffar på detta sätt för praktiskt taget varje lunch och middag. Som tur var var han alltid väl förberedd. Sicilianerna skär sina fiskfiléer bara 1/2 tum tjocka, men jag föredrar dem framför 1 tum tjocka så att de inte kokar för lätt. Tonfisk är som bäst fuktig och mör när den tillagas tills mitten är röd eller rosa, medan svärdfisk ska vara lätt rosa. Eftersom den har brosk som behöver mjukas upp kan hajen tillagas lite längre.

4 tonfisk-, svärdfisk- eller hajbiffar, ca 1 tum tjocka

Olivolja

Salt och nymalen svartpeppar

1 msk färskpressad citronsaft

1 1/2 tsk torkad oregano

1. Placera en grill eller grill cirka 5 tum från värmekällan. Värm grillen eller grillen.

2. Pensla filéerna generöst med olja och smaka av med salt och peppar.

3. Grilla fisken tills den är lätt brynt på ena sidan, 2 till 3 minuter. Vänd fisken och koka tills den är lätt brynt men fortfarande rosa inuti, cirka 2 minuter till, eller tills den är klar efter smak. Testa om den är klar genom att göra ett litet snitt i den tjockaste delen av fisken.

4. I en liten skål, vispa ihop 3 matskedar olivolja, citronsaft, oregano, salt och peppar efter smak. Häll citronsaftblandningen över tonfiskbiffar och servera omedelbart.

Krispiga grillade tonfiskbiffar

Tonno alla Griglia

Ger 4 portioner

Brödsmulorna bildar ett fint knaprigt lager på dessa fiskfiléer.

4 tonfisk- eller svärdfiskbiffar (1 tum tjocka)

3/4 dl torrt ströbröd

1 msk hackad färsk persilja

1 msk hackad färsk mynta eller 1 tsk torkad oregano

Salt och nymalen svartpeppar

4 matskedar olivolja

Citronskivor

1. Förvärm grillen. Smörj långpannan. I en skål, kombinera ströbröd, persilja, mynta, salt och peppar efter smak. Tillsätt 3 matskedar olja eller precis tillräckligt för att fukta smulorna.

2. Lägg fiskfiléerna i långpannan. Fördela hälften av ströbrödet över fisken, klappa ner den.

3. Grilla filéerna ca 6 tum från värmen i 3 minuter, eller tills smulorna är gyllenbruna. Vänd försiktigt på filéerna med en metallspatel och strö över resterande ströbröd. Grilla 2 till 3 minuter till eller tills den fortfarande är rosa i mitten, eller tills den är kokt efter smak. Testa om den är klar genom att göra ett litet snitt i den tjockaste delen av fisken.

4. Ringla över den återstående matskeden olja. Servera varm, med citronklyftor.

Grillad tonfisk med rucolapesto

Tonno med pesto

Ger 4 portioner

Den kryddiga smaken av ruccola och den livfulla smaragdgröna färgen på denna sås kompletterar perfekt färsk tonfisk eller svärdfisk. Den här rätten är också god i sval rumstemperatur.

4 tonfiskbiffar, ca 1 tum tjocka

Olivolja

Salt och nymalen svartpeppar

rucola pesto

1 knippe ruccola, tvättad och skalad (ca 2 koppar lätt packade)

1 1/2 kopp lätt packad färsk basilika

2 vitlöksklyftor

1 1/2 kopp olivolja

Salt och nymalen svartpeppar

1. Gnid in fisken med lite olja och tillsätt salt och peppar efter smak. Täck över och ställ i kylen tills den ska tillagas.

2. För att göra peston: I en matberedare, kombinera ruccola, basilika och vitlök och pulsera tills det är fint hackat. Tillsätt långsamt olja och mixa tills det är slätt. Tillsätt salt och peppar efter smak. Täck över och låt stå i rumstemperatur i 1 timme.

3. I en stor nonstick-panna, värm 1 msk olja på medelvärme. Lägg till tonfiskskivorna och koka 2 till 3 minuter på varje sida eller tills de är bruna på utsidan men fortfarande rosa i mitten, eller tills de är kokta efter smak. Testa om den är klar genom att göra ett litet snitt i den tjockaste delen av fisken.

4. Servera tonfisken ljummen eller i rumstemperatur, översållad med rucolapesto.

Tonfisk- och cannelliniböngryta

Tonno spis

Ger 4 portioner

Under vintern brukar jag laga mer kött än skaldjur eftersom köttet verkar mer tillfredsställande när det är kallt. Undantaget är denna gryta gjord på bönor och färska, köttiga tonfiskbiffar. Den har alla revbenskvaliteter och den fantastiska smaken av en böngryta men utan köttet, vilket gör den perfekt för personer som föredrar köttfria måltider.

2 matskedar olivolja

1 1/2 pund färsk tonfisk (1 tum tjock), skuren i 1 1/2 tums bitar

Salta och nymalen svartpeppar efter smak.

1 stor röd eller grön paprika, skuren i små bitar

1 kopp konserverade skalade tomater, avrunna och hackade

1 stor vitlöksklyfta, finhackad

6 färska basilikablad, skurna i bitar

1 burk (16 ounces) cannellinibönor, sköljda och avrunna, eller 2 koppar kokta torkade bönor

1. Hetta upp olja i en stor stekpanna på medelvärme. Torka tonfiskbitarna med absorberande papper. När oljan är varm, tillsätt tonfiskbitarna utan att fylla pannan. Koka tills bitarna är lätt brynta på utsidan, ca 6 minuter. Lägg över tonfisken på en tallrik. Strö över salt och peppar.

2. Tillsätt paprikan i pannan och koka, rör om då och då, tills den börjar få färg, cirka 10 minuter. Tillsätt tomat, vitlök, basilika, salt och peppar. Koka upp. Tillsätt bönorna, täck över och sänk värmen till låg. Koka i 10 minuter.

3. Tillsätt tonfisk och koka tills tonfisken är lite rosa i mitten, ca 2 minuter till, eller tills den är klar efter smak. Testa om den är klar genom att göra ett litet snitt i den tjockaste delen av fisken. Servera varm.

Siciliansk svärdfisk med lök

Spada fisk i Sfinciuni

Ger 4 portioner

Sicilianska kockar förbereder en läcker pizza som heter sfinciuni, ett ord som härrör från arabiska och betyder "lätt" eller "luftig". Pizzan har en tjock men lätt skorpa och toppas med lök, ansjovis och tomatsås. Detta traditionella svärdfiskrecept kommer från denna pizza.

3 matskedar olivolja

1 medelstor lök, tunt skivad

4 ansjovisfiléer, hackade

1 kopp färska tomater, skalade, kärnade och tärnade eller konserverade tomater, avrunna och tärnade

En nypa torkad oregano, smulad

Salta och nymalen svartpeppar efter smak.

4 svärdfiskfiléer, ca 3/4 tum tjocka

2 matskedar torrt ströbröd

1. Häll 2 matskedar olja i en medelstor stekpanna. Tillsätt lök och koka tills den mjuknat, ca 5 minuter. Tillsätt ansjovisen och koka i 5 minuter till eller tills de är väldigt mjuka. Tillsätt tomater, oregano, salt och peppar och låt sjuda i 10 minuter.

2. Sätt ett galler i mitten av ugnen. Värm ugnen till 350 ° F. Smörj en bakplåt som är tillräckligt stor för att hålla fisken i ett enda lager.

3. Torka svärdfiskfiléerna. Lägg dem i den förberedda pannan. Strö över salt och peppar. Skeda i såsen. Blanda ströbrödet med den återstående matskeden olja. Bred ströbrödet över såsen.

4. Grädda i 10 minuter eller tills fisken är lite rosa i mitten. Testa om den är klar genom att göra ett litet snitt i den tjockaste delen av fisken. Servera varm.

Venetiansk potatis

Venetiansk potatis

Ger 4 portioner

Även om jag använder Yukon golden potatis till de flesta måltider, finns det många andra goda varianter, särskilt på bondemarknader, och de ger variation till potatisrätter. Finsk gul potatis är bra att steka och baka, och rysk röd är utmärkt i sallader. Även om de ser konstiga ut kan blå potatis också vara väldigt god.

1 1/4 pund potatis för alla ändamål, som Yukon Gold

2 msk osaltat smör

1 matsked olivolja

1 medelstor lök hackad

Salt och nymalen svartpeppar

2 msk hackad färsk persilja

1.Skrubba potatisen med en pensel under kallt rinnande vatten. Skala dem om du vill. Skär potatisen på mitten eller i fjärdedelar om den är stor. Smält smöret med oljan på medelvärme i en stor stekpanna. Tillsätt lök och koka tills den mjuknat, ca 5 minuter.

2.Tillsätt potatisen och smaka av med salt och peppar. Täck pannan och koka, rör om då och då, i cirka 20 minuter eller tills potatisen är mjuk.

3.Tillsätt persiljan och rör om väl. Servera varm.

Stekt potatis"

hoppa spark

Ger 4 portioner

När du beställer pommes på en italiensk restaurang är detta vad du får. Potatisen blir lätt krispig på utsidan och mjuk och krämig på insidan. De kallas "sauterade" potatisar eftersom de ofta måste röras om eller slängas i pannan.

1 1/4 pund potatis för alla ändamål, som Yukon Gold

1 1/4 kopp olivolja

Salt och nymalen svartpeppar

1. Skrubba potatisen med en pensel under kallt rinnande vatten. Skala potatis. Skär dem i 1 tums bitar.

2. Häll olja i en 9-tums stekpanna. Placera stekpannan på medelhög värme tills oljan är väldigt varm och en bit potatis fräser när den tillsätts.

3. Torka potatisen väl med hushållspapper. Tillsätt potatisen i den heta oljan och koka i 2 minuter. Vänd potatisen och koka i ytterligare 2 minuter. Fortsätt laga mat, vänd potatisen varannan minut eller tills den är lätt brynt på alla sidor, cirka 10 minuter totalt.

4. Tillsätt salt och peppar efter smak. Täck pannan och koka, vänd då och då, tills potatisen är mjuk när den stickas hål med en kniv, cirka 5 minuter. Servera omedelbart.

Variation: Vitlök och örtpotatis: I steg 4, tillsätt 2 hackade vitlöksklyftor och en matsked finhackad färsk rosmarin eller salvia.

Sauterad potatis och paprika

Potatis och Pepperoni i Padella

Ger 6 portioner

Paprika, vitlök och chilipeppar ger smak till denna goda röra.

1 1/4 pund potatis för alla ändamål, som Yukon Gold

4 matskedar olivolja

2 stora röda eller gula paprikor, skurna i 1-tums bitar

Salt

1 1/4 kopp hackad färsk persilja

2 stora vitlöksklyftor

Nypa krossad röd paprika

1. Skrubba potatisen med en pensel under kallt rinnande vatten. Skala potatisen och skär den i 1-tums bitar.

2. I en stor stekpanna, värm 2 matskedar olja på medelvärme. Torka potatisen väl med hushållspapper och lägg den i

pannan. Koka, rör om potatisen då och då, tills den precis börjar få färg, cirka 10 minuter. Strö över salt. Täck pannan och koka i 10 minuter.

3. Medan potatisen kokar, i en separat stekpanna, värm de återstående 2 msk olja på medelvärme. Tillsätt paprikan och salt efter smak. Koka, rör om då och då, tills paprikan är nästan mjuk, cirka 10 minuter.

4. Blanda potatisen och tillsätt sedan paprikan. Tillsätt persilja, vitlök och krossad röd paprika. Koka tills potatisen är mjuk, ca 5 minuter. Servera varm.

Persilja och vitlök potatismos

Potatis Schiacciate all'Aglio och Prezzemolo

Ger 4 portioner

Potatismos får den italienska behandlingen med persilja, vitlök och olivolja. Om du gillar din potatis kryddig, tillsätt en stor nypa krossad röd paprika.

1 1/4 pund potatis för alla ändamål, som Yukon Gold

Salt

1 1/4 kopp olivolja

1 stor vitlöksklyfta, finhackad

1 msk hackad färsk persilja

nymalen svartpeppar

1. Skrubba potatisen med en pensel under kallt rinnande vatten. Skala potatisen och skär den i fjärdedelar. Lägg potatisen i en medelstor kastrull med kallt vatten för att täcka och salta efter smak. Täck över och låt koka upp. Koka

15 minuter eller tills potatisen är mjuk när den stickas hål med en kniv. Häll av potatisen, spara lite vatten.

2. Torka pannan där potatisen kokades. Tillsätt 2 msk olja och vitlöken och koka på medelvärme tills vitlöken doftar, ca 1 minut. Tillsätt potatisen och persiljan i pannan. Mosa potatisen med en potatisstöt eller gaffel, rör om väl för att kombinera med vitlök och persilja. Tillsätt resterande olja, salt och peppar efter smak. Tillsätt eventuellt lite kokvatten. Servera omedelbart.

Variation: Olivpotatismos: Tillsätt 2 matskedar hackade svarta eller gröna oliver precis innan servering.

Nypotatis med örter och bacon

Aromatiche Erbe Patatina

Ger 4 portioner

Nypotatis är utsökt tillagad på detta sätt. (Nypotatis är ingen sort. Vilken nygrävd potatis som helst med tunt skal kan kallas färskpotatis.) Använd en allpotatis om du inte har färskpotatis.

1 1/4 pund liten färskpotatis

2 uns skivad bacon, tärnad

1 medelstor lök hackad

2 matskedar olivolja

1 vitlöksklyfta, finhackad

6 färska basilikablad, skurna i bitar

1 tsk hackad färsk rosmarin

1 lagerblad

Salt och nymalen svartpeppar

1. Skrubba potatisen med en pensel under kallt rinnande vatten. Skala dem om du vill. Skär potatisen i 1-tums bitar.

2. Blanda pancetta, lök och olivolja i en stor stekpanna. Koka på medelvärme tills den mjuknat, cirka 5 minuter.

3. Tillsätt potatisen och koka, rör om då och då, i 10 minuter.

4. Tillsätt vitlök, basilika, rosmarin, lagerblad, salt och peppar efter smak. Täck grytan och låt koka i ytterligare 20 minuter, rör om då och då, tills potatisen är mjuk när den sticks igenom med en gaffel. Tillsätt lite vatten om potatisen börjar få färg för snabbt.

5. Ta bort lagerbladet och servera varmt.

Potatis med tomat och lök

Pizzaiola potatis

Gör 6 till 8 portioner.

Bakad potatis med pizzasmak är typiskt för Neapel och andra delar av södern.

2 pounds all-purpose potatis, såsom Yukon Gold

2 stora tomater, skalade, kärnade och hackade

2 medelstora lökar, skivade

1 vitlöksklyfta, finhackad

1 1/2 tsk torkad oregano

1 1/4 kopp olivolja

Salt och nymalen svartpeppar

1. Värm ugnen till 450 ° F. Skrubba potatisen med en pensel under kallt rinnande vatten. Skala dem om du vill. Skär potatisen i 1-tums bitar. Kombinera potatis, tomater, lök,

vitlök, oregano, olja och salt och peppar på en bakplåt som är tillräckligt stor för att få plats med ingredienserna i ett enda lager. Fördela ingredienserna jämnt i formen.

2. Sätt ett galler i mitten av ugnen. Grilla grönsaker, rör om 2 till 3 gånger, i 1 timme eller tills potatisen är genomstekt. Servera varm.

Rostad potatis med vitlök och rosmarin

Arrosto potatis

Ger 4 portioner

Jag kan aldrig få nog av dessa krispiga bruna potatisar. Ingen kan motstå dem. Knepet för att göra dem är att använda en kastrull som är tillräckligt stor så att potatisbitarna knappt rör vid varandra och inte staplas ovanpå varandra. Om din stekpanna inte är tillräckligt stor, använd en 15 x 10 x 1 tums gelémuffinspanna eller använd två mindre kastruller.

2 pounds all-purpose potatis, såsom Yukon Gold

$1 1/4$ kopp olivolja

1 msk hackad färsk rosmarin

Salt och nymalen svartpeppar

2 vitlöksklyftor, fint hackade

1. Sätt ett galler i mitten av ugnen. Värm ugnen till 400 ° F. Skrubba potatisen med en pensel under kallt rinnande

vatten. Skala dem om du vill. Skär potatisen i 1-tums bitar. Torka potatisen med absorberande papper. Lägg dem i en stekpanna som är tillräckligt stor för att hålla potatisen i ett enda lager. Ringla över olja och blanda med rosmarin och salt och peppar efter smak. Fördela potatisen jämnt.

2. Grilla potatisen, rör om var 15:e minut, i 45 minuter. Tillsätt vitlöken och koka i ytterligare 15 minuter eller tills potatisen är mjuk. Servera varm.

Stekt potatis med svamp

Potatis och Funghi al Ugn

Ger 6 portioner

Potatisen tar upp en del av svamp- och vitlökssmakerna medan de rostas i samma panna.

1 1/2 pund potatis för alla ändamål, som Yukon Gold

1 pund champinjoner, valfri typ, halverade eller kvartade om stora

1 1/4 kopp olivolja

2 till 3 vitlöksklyftor, tunt skivade

Salt och nymalen svartpeppar

2 msk hackad färsk persilja

1. Sätt ett galler i mitten av ugnen. Värm ugnen till 400 ° F. Skrubba potatisen med en pensel under kallt rinnande vatten. Skala dem om du vill. Skär potatisen i 1-tums bitar. Lägg potatisen och svampen i en stor ugnsform. Blanda

grönsakerna med olja, vitlök och en rejäl nypa salt och peppar.

2.Grilla grönsakerna i 15 minuter. Kassera dem väl. Koka ytterligare 30 minuter, rör om då och då, eller tills potatisen är mjuk. Strö över hackad persilja och servera varm.

Potatis och blomkål i basilicatastil

Bakad potatis och Cavolfiore

Ger 4 till 6

Släng en kastrull med potatis och blomkål i ugnen med stekt fläsk eller kyckling för en fantastisk söndagsmiddag. Grönsakerna ska vara krispiga och gyllene runt kanterna, och deras smaker ska förstärkas av doften av oregano.

1 liten blomkål

1 1/4 kopp olivolja

3 medelstora potatisar för alla ändamål, såsom Yukon Gold, i fjärdedelar

1 1/2 tsk torkad oregano, smulad

Salt och nymalen svartpeppar

1. Skär blomkålen i 2-tums buketter. Skär ändarna på stjälkarna. Skär tjocka stjälkar på tvären i 1/4-tums skivor.

2. Sätt ett galler i mitten av ugnen. Värm ugnen till 400 ° F. Häll olja i en 13×9×2-tums långpanna. Tillsätt grönsakerna och blanda väl. Strö över oregano och salt och peppar efter smak. Blanda igen.

3. Grädda i 45 minuter eller tills grönsakerna är mjuka och gyllene. Servera varm.

Potatis och kål i pannan

Potatis och Cavolo i Tegame

Gör 4 till 6 portioner

Versioner av denna maträtt finns i hela Italien. I Friuli tillsätts rökt pancetta i pannan med löken. Jag älskar den här enkla versionen av Basilicata. Den blekrosa av löken kompletterar den krämiga vita potatisen och grönkålen. Potatisen blir så mosig att den liknar potatismos när kålen är mör.

3 matskedar olivolja

1 medelstor rödlök, hackad

1 1/2 huvud av medelstor kål, tunt skivad (ca 4 koppar)

3 medelstora potatisar för alla ändamål, såsom Yukon Gold, skalade och skurna i små bitar

1 1/2 kopp vatten

Salt och nymalen svartpeppar

1. Häll oljan i en stor stekpanna. Tillsätt löken och koka på medelvärme, rör om ofta, tills den mjuknat, cirka 5 minuter.

2. Tillsätt kål, potatis, vatten, salt och peppar efter smak. Täck över och koka, rör om då och då, 30 minuter eller tills grönsakerna är mjuka. Tillsätt lite vatten om grönsakerna börjar fastna. Servera varm.

Potatis- och spenatpaj

Potatistorta och spinaci

Ger 8 portioner

När jag åt den här grönsakstårtan i lager i Rom gjordes den på radicchio istället för spenat. Roman radicchio ser ut som en ung maskros eller mogen ruccola. Spenat är ett bra substitut för radicchio. För bästa smak, se till att låta denna maträtt svalna något innan servering.

2 pounds all-purpose potatis, såsom Yukon Gold

Salt

4 matskedar osaltat smör

1 liten lök, mycket finhackad

1 1/2 pund spenat, radicchio, maskrosgrönt eller mangold, putsad

1 1/2 kopp vatten

1 1/2 kopp varm mjölk

1 kopp nyriven Parmigiano-Reggiano

nymalen svartpeppar

1 matsked ströbröd

1. Skrubba potatisen med en pensel under kallt rinnande vatten. Skala potatisen och lägg den i en medelstor kastrull med kallt vatten för att täcka. Tillsätt salt och täck grytan. Koka upp och koka i cirka 20 minuter, eller tills potatisen är mjuk.

2. Smält 2 matskedar smör på medelvärme i en liten stekpanna. Tillsätt löken och koka, rör om ofta, tills löken är mjuk och gyllene.

3. Lägg spenaten i en stor kastrull med 1/2 dl vatten och tillsätt salt efter smak. Täck över och koka tills de är mjuka, cirka 5 minuter. Häll av väl och krama ur överflödig vätska. Hacka spenaten på en bräda.

4. Tillsätt spenaten i pannan och blanda med löken.

5. När potatisen är mjuk, låt rinna av och mosa tills den är slät. Tillsätt de återstående 2 msk smör och mjölken.

Tillsätt 3/4 dl ost och blanda väl. Smaka av med salt och peppar.

6.Sätt ett galler i mitten av ugnen. Värm ugnen till 375°F.

7.Smöra generöst en 9-tums panna. Fördela hälften av potatisen på tallriken. Gör ett andra lager av all spenat. Garnera med resterande potatis. Strö över resterande 1/4 dl ost och brödsmulor.

8.Grädda i 45 till 50 minuter eller tills toppen är gyllenbrun. Låt stå 15 minuter innan servering.

Napolitanska potatiskroketter

Panzerotti eller Crocche

för ungefär 24 år sedan

I Neapel har pizzerior satt upp trottoarstånd för att sälja dessa läckra stockar av potatismos i krispig panering, vilket gör det enkelt för förbipasserande att äta dem till lunch eller mellanmål. Detta är dock min mormors recept. Vi har ätit hash browns för högtider och festliga tillfällen under hela året, vanligtvis som en sida till rostbiff.

2 1/2 pund universalpotatis, som Yukon Gold

3 stora ägg

1 kopp nyriven Pecorino Romano eller Parmigiano-Reggiano

2 msk hackad färsk persilja

1/4 dl finhackad salami (cirka 2 uns)

Salt och nymalen svartpeppar

2 dl torrt ströbröd

Vegetabilisk olja för stekning

1. Skrubba potatisen med en pensel under kallt rinnande vatten. Lägg potatisen i en stor kastrull med kallt vatten för att täcka. Täck grytan och låt vattnet koka upp. Koka på medelvärme tills potatisen är mjuk när den sticks igenom med en gaffel, ca 20 minuter. Häll av potatisen och låt den svalna något. Skala potatis. Lägg dem i en stor skål och mosa dem med en mortelstöt eller gaffel tills de är jämna.

2. Separera äggen, lägg äggulorna i en liten skål och förvara vitorna på en platt tallrik. Bred ut ströbrödet på en plåt med vaxat papper.

3. Tillsätt äggulor, ost, persilja och salami till potatismoset. Tillsätt salt och peppar efter smak.

4. Använd cirka 1/4 kopp av potatisblandningen och forma en korv som är cirka 1 tum bred och 21/2 tum lång. Upprepa med resterande potatis.

5. Vispa vitorna med en visp eller gaffel tills det skummar. Doppa klyftpotatisen i vitorna, rulla dem sedan i

ströbrödet, täck dem helt. Lägg stockarna på ett galler och låt dem torka i 15 till 30 minuter.

6. Häll cirka 1/2 tum olja i en stor, tung stekpanna. Värm på medelvärme tills lite äggvita fräser när den droppar ner i oljan. Lägg försiktigt några av stockarna i pannan, lämna lite utrymme mellan dem. Stek, vänd då och då med en tång, tills de fått en jämn färg, cirka 10 minuter. Överför de brynta kroketterna till absorberande papper för att rinna av.

7. Servera direkt eller håll kroketterna varma i låg ugn medan du steker resten.

Pappas napolitanska potatispaj

Gatto'

Gör 6 till 8 portioner

Gatto' kommer från det franska gateau, som betyder "tårta". Härledningen får mig att tro att detta recept populariserades av fransktränade monzu, kockar som lagade mat åt aristokrater vid Neapels hov.

Hemma hos oss kallade vi det för potatistårta, och om vi inte hade potatiskroketter till söndagsmiddagen skulle vi ha den här potatisrätten, som var min fars specialitet.

2 1/2 pund universalpotatis, som Yukon Gold

Salt

1/4 dl torrt ströbröd

4 matskedar (1/2 stick) osaltat smör, uppmjukat

1 kopp varm mjölk

1 kopp plus 2 matskedar nyriven Parmigiano-Reggiano

1 stort ägg, uppvispat

1/4 tsk nyriven muskotnöt

Salt och nymalen svartpeppar

8 uns färsk mozzarella, hackad

4 uns importerad italiensk salami eller prosciutto, hackad

1. Skrubba potatisen med en pensel under kallt rinnande vatten. Lägg potatisen i en stor kastrull med kallt vatten för att täcka. Tillsätt salt efter smak. Täck grytan och låt vattnet koka upp. Koka på medelvärme tills potatisen är mjuk när den sticks igenom med en gaffel, ca 20 minuter. Häll av och låt svalna något.

2. Sätt ett galler i mitten av ugnen. Värm ugnen till 400 ° F. Smöra en 2-quarts ugnsform. Strö över ströbröd.

3. Skala potatisen, lägg den i en stor skål och mosa den med en potatisstöt eller gaffel tills den är slät. Tillsätt 3 msk smör, mjölk, 1 dl parmesan, ägg, muskotnöt, salt och peppar efter smak. Tillsätt mozzarella och salami.

4. Fördela blandningen jämnt i den förberedda skålen. Strö över resterande parmesan. Strö över resterande 1 msk smör.

5. Grädda i 35 till 45 minuter eller tills toppen är gyllenbrun. Låt stå en kort stund i rumstemperatur innan servering.

stekta tomater

Pomodori i Padella

Gör 6 till 8 portioner

Servera dem som tillbehör till grillat eller stekt kött, eller i rumstemperatur, rivet på rostat bröd som förrätt.

8 italienska tomater

1 1/4 kopp olivolja

2 vitlöksklyftor, fint hackade

2 msk hackad färsk basilika

Salt och nymalen svartpeppar

1. Skölj tomaterna och torka dem. Använd en liten kniv, skär runt stjälken på varje tomat och ta bort. Skär tomaterna på mitten på längden.

2. Värm oljan med vitlök och basilika på medelvärme i en stor stekpanna. Lägg i tomathalvorna med snittsidan nedåt. Strö över salt och peppar. Koka tills tomaterna är gyllene och

mjuka, cirka 10 minuter. Servera varm eller i rumstemperatur.

ångade tomater

Ångad Pomodori

Ger 4 portioner

Här tillagas små söta tomater i sin egen juice. Servera dem som tillbehör till kött eller fisk, eller lägg dem på en frittata. Om tomaterna inte är tillräckligt söta, tillsätt en nypa socker under tillagningen.

1 pint körsbärs- eller druvtomater

2 matskedar extra virgin olivolja

Salt

6 basilikablad, staplade och skurna i tunna strimlor

1. Skölj tomaterna och torka dem. Skär dem på mitten genom skaftet. Blanda tomaterna, oljan och saltet i en liten kastrull. Täck pannan och ställ över låg värme. Koka i 10 minuter eller tills tomaterna mjuknat men fortfarande håller formen.

2. Tillsätt basilikan. Servera varm eller i rumstemperatur.

bakade tomater

Pomodori al Forno

Ger 8 portioner

Brödsmulor krydda dessa tomater. De är goda till grillad fisk och de flesta äggrätter.

8 italienska tomater

1 kopp ströbröd

4 ansjovisfiléer, fint hackade

2 msk kapris, sköljda och avrunna

1 1/2 kopp nyriven Pecorino Romano

1 1/2 tsk torkad oregano

3 matskedar olivolja

Salt och nymalen svartpeppar

1. Skölj och torka tomaterna. Skär tomaterna på mitten på längden. Använd en liten sked och häll fröna i en fin sil över

en skål för att fånga upp saften. I en stor stekpanna, rosta ströbröd på medelhög värme, rör om ofta, tills de doftar och inte får färg, cirka 5 minuter. Ta bort från värmen och låt svalna något.

2. Sätt ett galler i mitten av ugnen. Värm ugnen till 400 ° F. Smörj en stor bakplåt. Lägg tomatskalet med skurna sidan uppåt i pannan.

3. I skålen med tomatjuice, tillsätt ströbröd, ansjovis, kapris, ost, oregano, salt och peppar. Tillsätt 2 matskedar olivolja. Fyll blandningen med tomatskalen. Ringla över den återstående matskeden olja.

4. Grädda i 40 minuter eller tills tomaterna är mjuka och ströbrödet är gyllenbruna. Servera varm.

Farro fyllda tomater

Pomodori Ripieni

Ger 4 portioner

Farro, ett gammalt spannmål som är populärt i Italien, är en utmärkt fyllning för tomater när den blandas med ost och lök. Jag hade något liknande på L'Angolo Divino, en vinbar i Rom.

1 kopp semi-pearl farro (eller bulgur eller vetebärsersättning)

Salt

4 stora runda tomater

1 liten lök, finhackad

2 matskedar olivolja

1/4 dl riven Pecorino Romano eller Parmigiano-Reggiano

nymalen svartpeppar

1. Koka upp 4 koppar vatten i en medelstor kastrull. Tillsätt farro och salt efter smak. Koka tills farro är mjuk men

fortfarande seg, cirka 30 minuter. Häll av farron och lägg den i en skål.

2. I en liten kastrull, fräs löken i olja på medelvärme tills den är gyllenbrun, cirka 10 minuter.

3. Sätt ett galler i mitten av ugnen. Värm ugnen till 350 ° F. Smörj en liten bakplåt som är tillräckligt stor för att rymma tomaterna.

4. Skölj och torka tomaterna. Skär en 1/2-tums tjock skiva från toppen av varje tomat och ställ åt sidan. Använd en liten sked, ös ur insidan av tomaterna och lägg fruktköttet i en finmaskig sil över en skål. Lägg tomatskalen i ugnsformen.

5. Tillsätt den avrunna tomatjuicen, stekt lök, ost, salt och peppar i skålen med farro. Häll blandningen i tomatskalen. Täck tomaterna med de reserverade topparna.

6. Koka 20 minuter eller tills tomaterna är mjuka. Servera varm eller i rumstemperatur.

Romerska fyllda tomater

Pomodori Ripieni alla Romana

Ger 6 portioner

Detta är en klassisk romersk rätt, som normalt äts i rumstemperatur som förrätt.

3 1/4 kopp medelkornigt ris, såsom Arborio, Carnaroli eller Vialone Nano

Salt

6 stora runda tomater

4 matskedar olivolja

3 ansjovisfiléer, fint hackade

1 liten vitlöksklyfta, finhackad

1 1/4 kopp hackad färsk basilika

1/4 dl nyriven Parmigiano-Reggiano

1. Koka upp 1 liter vatten på hög värme. Tillsätt riset och 1 tsk salt. Sänk värmen till låg och låt sjuda i 10 minuter eller tills riset är delvis kokt men fortfarande mycket fast. Dränera väl. Lägg riset i en stor skål.

2. Sätt ett galler i mitten av ugnen. Värm ugnen till 350 ° F. Smörj en bakplåt som är tillräckligt stor för att rymma tomaterna.

3. Skär en 1/2-tums skiva från toppen av tomaterna och ställ åt sidan. Använd en liten sked, ös ur insidan av tomaterna och lägg fruktköttet i en finmaskig sil över en skål. Lägg tomatskalen i pannan.

4. I skålen med riset, tillsätt den avrunna tomatvätskan och oljan, ansjovis, vitlök, basilika, ost och salt efter smak. Blanda väl. Häll blandningen i tomatskalen. Täck tomaterna med de reserverade topparna.

5. Koka i 20 minuter eller tills riset är mört. Servera varm eller i rumstemperatur.

Rostade tomater med balsamvinäger

Balsamic Pomodori

Ger 6 portioner

Balsamvinäger har ett nästan magiskt sätt att förstärka smaken av grönsaker. Prova denna enkla rätt och servera den som förrätt eller till kött.

8 italienska tomater

2 matskedar olivolja

1 msk balsamvinäger

Salt och nymalen svartpeppar

1. Sätt ett galler i mitten av ugnen. Värm ugnen till 375 ° F. Smörj en ugnsform som är tillräckligt stor för att hålla tomaterna i ett enda lager.

2. Skölj tomaterna och torka dem. Skär tomaterna på mitten på längden. Samla ihop tomatfröna. Lägg tomathalvorna, med de skurna sidorna uppåt, i pannan. Ringla över olja och vinäger och strö över salt och peppar.

3. Koka tomaterna i 45 minuter eller tills de är mjuka. Servera i rumstemperatur.

Carpaccio Av Zucchini

Giallo och Verde Carpaccio

Ger 4 portioner

Jag åt först en enklare version av denna uppfriskande sallad med vinkompisar i Toscana. Under årens lopp har jag piffat upp det genom att använda en kombination av gul och grön zucchini och tillsätta färsk mynta.

2-3 små zucchini, gärna en blandning av gult och grönt

3 matskedar färsk citronsaft

1/3 kopp extra virgin olivolja

Salt och nymalen svartpeppar

2 msk finhackad färsk mynta

Cirka 2 uns Parmigiano-Reggiano, i 1 stycke

1. Skrubba zucchinin med en pensel under kallt rinnande vatten. Klipp ändarna.

2. Använd en matberedare eller mandolin och skiva zucchinin mycket tunt. Lägg skivorna i en medelstor skål.

3. I en liten skål, vispa ihop citronsaft, olivolja, salt och peppar efter smak tills det blandas. Tillsätt myntan. Strö över zucchini och blanda väl. Bred ut skivorna i en grund form.

4. Använd en grönsaksskalare och skär parmesanen i tunna skivor. Bred ut skivorna över zucchinin. Servera omedelbart.